重庆市教育科学规划重点课题(2015-GX-007)、重庆工商大学教育教学
改革与研究项目(2018028)阶段性研究成果

渝商精神引领下
重庆地方高校
创新创业教育质量提升研究

朱　沙　莫紫霄　著　　Yushang Jingshen Yinling xia
Chongqing Difang Gaoxiao
Chuangxin Chuangye Jiaoyu
Zhiliang Tisheng Yanjiu

西南财经大学出版社

四川·成都

图书在版编目(CIP)数据

渝商精神引领下重庆地方高校创新创业教育质量提升研究/朱沙,莫紫霄
著.—成都:西南财经大学出版社,2019.8
ISBN 978-7-5504-4107-1

Ⅰ.①渝⋯ Ⅱ.①朱⋯②莫⋯ Ⅲ.①高等学校—创业—教育质量—教学研
究—重庆 Ⅳ.①G647.38

中国版本图书馆 CIP 数据核字(2019)第 184744 号

渝商精神引领下重庆地方高校创新创业教育质量提升研究
朱沙 莫紫霄 著

责任编辑:李思嘉
封面设计:穆志坚 墨创文化
责任印制:朱曼丽

出版发行	西南财经大学出版社(四川省成都市光华村街 55 号)
网 址	http://www.bookcj.com
电子邮件	bookcj@foxmail.com
邮政编码	610074
电 话	028-87353785
照 排	四川胜翔数码印务设计有限公司
印 刷	四川五洲彩印有限责任公司
成品尺寸	170mm×240mm
印 张	15
字 数	172 千字
版 次	2019 年 8 月第 1 版
印 次	2019 年 8 月第 1 次印刷
书 号	ISBN 978-7-5504-4107-1
定 价	88.00 元

前言

　　创新创业教育以培养学生的创新创业意识、创新创业精神和创新创业能力，提高学生的综合素质和高等教育质量，培育社会所需要的创新创业型人才为目标。加强大学生创新创业教育，是知识经济时代对高等教育发展提出的新要求，是我国高等教育建设创新型国家的必然要求，是对高校毕业生进行三观教育、帮助其实现人生价值的有效途径。构建新时代下的大学生创新创业教育模式，更好地发挥大学生创新创业教育在新时期大学教育中的作用，具有较强的现实意义。

　　本研究从分析大学生创新创业教育和渝商的创新创业精神的角度出发，结合大学生创新创业教育本土化和体现地方特色的要求，对当代大学生创新创业教育进行探索，提出了开展创新创业教育的有效方法和途径，为重庆地方高校大学生创新创业教育提供了创新的思路。通过探讨渝商精神、渝商的创新创业历程和历史渊源来指导重庆地方高校的创新创业教育，通过渝商精神对大学生创新创业教育的启示，构建具有重庆区域文化底蕴的大学生创新创业教育模式，使重庆地方高校的创新创业教育与时俱进，以便更好地指引大学生的创新创业活动，从而实现提升重庆地方高校创新创业教育质量这一根本目的。

　　本研究从重庆区域文化的核心之一渝商精神出发，主要运用文献法和访谈法等方法，从多个方面对提升重庆地方高校创新创业教育质量的问题进行研究。首先，对创新创业教育的内涵界定进行了理论分析，通过介绍高校创新创业教育的兴起以及我国高校创新创业教育的发展现状，为深入研究重庆地方高校创新创业教育做了理论铺垫。其次，从重庆的城市特征、历史文化特征及渝商创新创业精神三个方面入手，深入挖掘渝商创新创业文化的形成动因与发展轨迹，总结出重庆市是一个以"信义"为内核的重商城市，它作为一个城市本身就充满了创新创业的浓郁的商业气息。在回顾重庆历史时，提炼出了自古以来渝商"重信重义、自强不息"的精神品性，以及这种文化融入渝商血脉所形成的敢闯敢做、吃苦耐劳、特别能"抱团"的渝商创新创业精神。在以上两点的基础之上，本研究针对重庆地方高校展开了细致的调查研究，针对各个高校的具体情况，总结出重庆地方高校中具有代表性的高校的创新创业教育的现状和特征，并针对这些现状和特征结合创新创业教育的内涵和目标，指明重庆地方高校创新创业教育还需要进一步加强。最后，本书将针对重庆地方高校在创新创业教育中所折射出来的各类问题，试图将提升重庆地方高校创新创业教育质量的问题放置在整个重庆区域文化的背景下，特别是在渝商精神的引领下来展开研究，立足重庆，充分利用重庆本地资源和文化底蕴，并提出相应对策。具体而言，本书认为通过打造具有重庆地方特色的大学生创新创业教育体系和以渝商精神提升重庆地方高校创新创业教育质量的设计路径来塑造以渝商精神为核心、具有重庆区域特色的创新创业教育框架，从而实现其教育模式和方法的创新。本书最后的部分是作者指导的一个真实的重庆市大学生创新创业项目"律管家高校云端法律服务平台"的商业策划书，体现了本研究的理论与实践的结合的特点。

本研究通过将重庆地方高校创新创业教育与重庆区域文化紧密结合，探寻出一条适合重庆地方高校创新创业教育的路子，并期望能由此对各高校系统性地开展大学生创新创业教育提供可借鉴的理论和方法，以点带面，从而促进全国高校创新创业教育的全面提升。

本书作者为重庆工商大学财政金融学院朱沙和重庆工商大学融智学院莫紫霄。全书约 17 万字，其中朱沙承担约 8 万字，莫紫霄承担约 9 万字。

目录

1 导论

1.1 研究背景

2002 年，教育部选定 9 所高校作为创业教育发展的试点，启动了在我国政府领导下全面推进创业教育的进程。但创新创业教育目前仍处于探索阶段，主要关注如何开设创业课程、专业以及对创业学的研究，尚未形成系统的学科体系。在教学方法上，案例教学和商业计划是创新创业教育教学的核心环节。同时，各高校从多个角度开展创新创业教育，并为大学生创业建设基地或孵化园区。时任国务院总理的温家宝在第十一届全国人民代表大会第二次会议的政府工作报告中指出，要优先安排高校毕业生就业，加快建设一批投资少、见效快的大学生创业园和孵化器。2008 年，重庆建立了大学生创业孵化器基地，为各类大学生创业提供了共享服务空间、创业网站、政策指导、资金申请、技术评估、咨询规划、项目顾问、人才培养等多种业务服务。此外，许多地方还采取竞赛的形式，来促进大学生创新创业教育的兴起，如"挑战杯""商业计划"竞赛等①。

近几年，国家出台了一系列优惠政策鼓励支持大学生自主创新和创业。教育部在《关于大力推进高等学校创新创业教育和大学生自主创业工作的意见》中指出，"在高等学校开展创新创业教育，积极鼓励高校学生自主创业，是教育系统深入学习实践科学发展观、服务于创新型国家建设的重大战略举措；是深化高等教育教学改革、培养学生创新精神和实践能力的重要途径；是落实以创业带动就业、促进高校毕业生充分就业的重要措施"。2015年国务院办公厅印发了《关于深化高等学校创新创业教育改革的实施意见》（国办发〔2015〕36号）。这些政策措施引起了社会的普遍关注，掀起了高校创新创业教育的热潮。目前，创新创业教育已经成为社会学术研究的热点话题。而且，党的十九大报告明确提出要倡导创新文化，国务院也明确了加强创新创业教育的要求。在大众创业、万众创新的新形势下，创新创业教育不仅是国家实施创新驱动发展战略、促进经济、质量和效益提升的迫切需要，也是推动高等教育综合改革、促进高质量创业和大学生就业的重要举措。

与此同时，虽然有许多地方高校已经摸索出一些有效的创新创业教育模式，并通过不同形式的创新创业教育探索出具有区域特色的个性化创新创业教育模式，但是仍有相当一部分地方高校还处于创新创业教育的初始阶段，发展缓慢，效果也不太理想。这主要是因为许多地方高校忽视了"立足地方、为地方服务"的基本属性，没有在创新创业教育中形成"依托区域社会、为区域社会服务"的

① 万玺，应晓跃. 国内创业教育发展对大学生企业家精神培育的启示 [J]. 重庆科技学院学报（社会科学版），2010（22）：159-160.

根本理念，缺乏创新创业教育的独特理念和创新创业教育实践中的个性化。

重庆作为中国内陆的战略高地，正在建设成为国际化大都市，这是一座充满创新创业激情的城市。抗战文化和重庆商业精神所蕴含的创新创业因素，已成为重庆最宝贵的资源和最大的优势之一。渝商作为华夏商帮的重要组成部分，在西南地区的商业发展中发挥着重要作用。渝商精神是一种丰富的精神文化资源，是重庆区域经济社会发展的文化基础。巴渝地区曾经是创业的热土，重庆商人的商业价值观、近代浓厚的创业氛围、民营企业家的创业经验，这些都是鼓励重庆人不断进取的精神食粮。而高校又是推动区域经济社会持续、快速、健康发展的强大动力，是区域经济社会发展的"思想源泉"，是科技、管理、文化的创新基地。

渝商文化教育是将渝商精神融入大学生创新创业教育，对新时期大学生的创新创业精神、品格和意志将产生潜移默化的影响，可以极大地促进创新创业教育的深入发展。因此，研究重庆新时代大学生创新创业教育的路径和模式具有重要的现实土壤和指导意义。重庆地方高校通过开展具有鲜明区域文化底蕴的创新创业教育，培养学生的创新意识、创新精神和创新能力，有利于提高学生的综合素质，培养创新创业人才，促进重庆地方高校创新，从而提升新时代下的重庆地方高校创新创业教育质量，更好地发挥新时代大学生创业教育在高校教育中的作用。

1.2　研究意义

从分析当前国内高校创新创业教育的总体情况来看，无论是理论认识还是实践探索都处于初级阶段。目前，从重庆地方高校创新创业教育的发展水平来看，重庆地方高校创新创业教育整体还处于初级阶段和不断完善之中。创新创业教育越来越引起高校的重视，就重庆地方高校来说，各个高校在实施素质教育过程中的许多措施都与创新创业教育有关。然而，纵观全国的创新创业教育，高校在这方面的探索还不够充分，基础体系尚未成熟，因而特色教育的道路更长了。创新创业教育除了外力的推动外，学生自身的内生动力也起着重要作用。因此，如何使创新创业教育深入人心，取得实效，也是学界关注的重点和难点。解决创新创业教育改革问题的一个突破口就在于利用文化资源和精神力量，将其融入高校创新创业教育，作为制度激励的有力补充，以激发新时代大学生创业热情的内在动力。因此，本研究具有理论和现实层面的双重意义，其理论意义在于：

（1）为区域商业文化融入高校创新创业教育提供理论支持

创新创业教育作为一项长期发展的战略措施，已纳入高等教育体系。目前，对创新创业教育进行有针对性的研究已经有了较为丰富的研究成果。但是，对创新创业教育的文化建设层面的理论研究还处于初级阶段，相关的研究成果还比较零散，尚未形成体系。由于创新创业教育地域性不同的特点，如何依托区域商业文化融入区域地方高校的创新创业教育，促进区域地方高校创新创业教育的顺利实施，是非常有价值且能填补研究空白的课题。同时，通过对重庆地方高校创新创业教育的现状进行分析，提出了改进的对策和建议，有效地促进了重庆地方高校创新创业教育的加速发展，并为重庆地方高校创新创业教育的发展提供了理论依据和实践参考。

（2）为构建高校创新创业教育的文化支撑体系提供经验和启示

目前，在构建高校创新创业教育文化支撑体系的过程中，少有人提出借助地方商业文化整合高校独特的创新创业文化的思路。即使做了一些该领域的尝试，也大部分还停留在课程设置和教材案例的建设上，尚未形成成熟的文化支撑体系。通过对渝商精神和渝商文化的深入挖掘，使之与重庆地方高校的创新创业教育深度融合，特别是在文化体系的构建上形成的理论范式，为构建重庆地方高校创新创业教育的文化支撑体系提供了的经验和启示。

本研究同时具有以下现实意义：

（1）促进新时代大学生自我文化素养发展的客观需要

创新与创业教育是一种终身教育。近年来，创新创业教育的各种研究和实践成果也处于百花齐放的状态。然而，根据前期调查，在如何实现创新和创业教育的可持续发展方面仍有一些问题。结合重庆本土文化与实际，因地制宜地开展创新创业教育，培养具备创新创业能力的新时代人才是重庆地方高校发展的重大目标。因此，将区域商业文化中的创新创业元素和高校创新创业教育相融合，将有利于形成一种可持续发展的精神和文化力量。对大学生来说，这将有利于增强学生的本土情怀起到榜样力量，激发他们对创新和创业精神的热情，提升创新创业教育的实效，有助于为重庆地方高校培育出优秀的新时代大学生。

（2）便于重庆地方高校对创新创业教育的现状进行全面的梳理

本研究结合重庆地方高校创新创业教育的现状和在开展创新创业教育过程中的各种共性问题，综合分析了重庆地方高校创新创业教育的现状。结合重庆地方高校，探讨其产生的根本原因，并对其存在的问题进行梳理和总结。

1.3　理论依据和立足点

随着我国高等教育的对象由精英向大众转变，就业难已成为困扰我国高校及相关部门的一大难题。创新创业不仅可以解决大学生自身的就业问题，而且可以为他人提供就业机会。同时，它还可以培养大学生的综合素质、保持社会的稳定与繁荣、为高校的可持续发展做出贡献。但是，与国外相比，我国大多数高校的创新创业教育还处于起步阶段，要继续发展尚有诸多制约因素，因此，开展创新创业教育是高校的当务之急。自创新创业教育启动以来，国家积极鼓励大学生创业，出台了一系列优惠政策，但实际效果并不明显，甚至个别地方高校开展创新创业教育举步维艰。其原因可能是没有充分结合中国国情或地方特色，照搬照抄较多，教育模式本身就缺乏创新。因此，本研究希望在总结国内外创新创业教育经验的基础上，融入重庆地区文化特色，特别是商业文化，并结合重庆地方高校创新创业教育的研究与实践，探寻一种新的创新创业教育模式，以提高创新创业教育的质量。

　　重庆具有浓郁的创新创业文化，其渝商精神在全国其他地区备受推崇甚至被大家积极学习。重庆的创新创业实践深受渝商精神影响，特别是渝商的创新创业精神的影响。渝商精神对创新创业的指导意义以及对创新创业教育提升的影响极为深远，因此本研究期望重庆地方高校发扬渝商精神，并结合重庆地方高校创新创业教育的研究与实践，开展具有重庆区域文化特色的创新创业教育，以提升重庆地方高校创新创业教育水平。区域特色与地方高校创新创业教育存在着千丝万缕的联系，在操作上主要是将模拟创业和实际创业结合，从实践中提取经验并反思升华，再将其用于新的实践，使高校成为大学生创新创业的孵化园，从而激发学生的创业欲望，提高学生的创新创业能力，提升重庆地方高校的创新创业教育质量。

　　（1）地方特色是地方高校创新创业教育的现实基础

　　一方面，地方特色是地方高校开展创新创业教育的重要基础，地方高校创新创业教育的发展呈现出较强的地域特色。基于地方高校人才培养和社会服务导向的明显特点，其创业教育更受区域经济社会发展需要和区域经济产业特点的影响。地方高校创业文化的培育和积累，由于历史较短，受地域历史文化特征的影响较大。由于区域教育资源相对匮乏，地方高校在获取区域社会资源方面也具有相对优势，地方政府更愿意和倾向于给予地方高校特别关注和大力支持。在人力、物力、财力、政策、课程和文化资源方面，社会各方面也可以给予地方高校重要支持。地方高校创新创业教育的发展不仅受区域社会发展水平的制约，还受其自身历史和实际发展水平的影响。因此，地方高校的创新创业教育必须因地制宜，立足于区域自然、经济、文化、人力资源等方面的优势和特点，建立与区域经济、社会特点相适应的创新创业教育体系。

另一方面，地域特征是地方高校创新创业教育的个性源泉。区域特色不仅影响着地方高校特色的形成，还影响着地方高校创新创业教育特色的形成，是地方高校构建个性化创新创业教育体系的源泉。地方高校的创新创业教育受课程体系、师资队伍建设、实践平台建设、创新创业文化都深受地区人力资源、物质资源、经济产业、历史文化等因素的影响，突显出了区域特色。只有将地方高校创新创业与区域特色紧密结合，才能充分突出地方高校创新创业教育的个性和特点，增强地方高校创新创业教育与区域经济社会发展的相容性，增强地方高校创新创业教育的实效性。因此，地方高校创新创业教育必须立足于区域特点，形成地方高校独特的创新创业教育体系，以适应地方经济社会发展的需要，融入和引领区域经济社会发展和助推区域经济社会创新，进而带动地方高校的特色化和健康化发展。

（2）地方高校创新创业教育是强化区域特色的动力和源泉

首先，地方高校创新创业教育可以促进区域经济发展过程中产业特征的形成。地方高校在区域经济社会发展中发挥着不可替代的作用，肩负着服务和引导地方社会发展的责任。地方高校在创新创业教育过程中，及时了解区域经济发展趋势，充分考虑区域经济发展对创新型创业人才的需求，从区域经济或行业特点出发，以学科建设和发展、课程建设和人才培养为手段，结合区域经济和产业特点，有利于形成经济和产业优势。例如，辽宁大连地方大学的创新创业教育，在依托辽宁沿海经济产业以及根据产业格局和发展趋势调整学科专业设置的基础上，进一步促进了大连港特色产业和沿海经济的发展。

其次,地方高校创新创业教育可以引领区域文化特色。地方高校创新创业教育的高质量发展离不开高校创新创业文化的培育和积累。高校的创新创业文化是依托具有典型文化特征的大学这一学术组织和文化组织而产生的。基于高校创新创业文化的深刻、先进、创新等特点,地方高校创新创业文化可以带动区域社会创新创业文化的发展,从而强化和凝聚区域文化特色。地方高校的创新创业文化可以对区域创新创业文化产生多维效应,包括引导区域创新创业文化的发展理念、增强区域创新创业文化的发展内涵和水平、提高区域创新创业的发展效率。因此,地方高校创新创业教育中的创新创业文化建设,尤其是对以创新创业价值观为核心的创新创业文化的弘扬和培育,可以带动区域社会创新创业文化的发展,进而起到强化区域文化品质特征的作用。

最后,地方高校创新创业教育可以强化区域人力资源的特点。地方高校基于自身特点,培养具有明显服务导向特征的人才,主要是面向区域经济社会发展的需要培养人才。地方高校创新创业教育考虑到区域经济发展或产业发展的需要,可以为行业或企业提供产品创新、管理创新、过程创新和市场创新所需的人才。这些与具有区域经济社会特征的产业或行业高度契合的人才,不仅促进了区域经济社会的发展,还进一步提升和增强了区域人力资源的优势和特点[1]。

---

① 牛欣欣. 基于区域特色的地方大学创业教育探析 [J]. 教育发展研究,2014 (3):56-60.

1.4　研究现状述评

1.4.1　国外相关研究和高校实践情况

通过查阅国外的文献，与本书相关的研究主要集中在创业教育的文化建设和大学创业教育研究两个层面。从教育的角度来看，研究创业教育的文献和学者都比较多，而且很多都处于较高和领先的水平，但主要研究方向为在创业教育中如何形成独特的创业文化，而关于研究创业教育如何与企业的商业文化对接、企业文化如何融入创业教育的研究总体偏少。

（1）国外创业教育中的文化建设研究

国外关于创业教育中的文化建设研究主要集中在以下几个方面：①国家文化层面对创新创业教育的影响。如美国知名创业教育教授蒂蒙斯在多篇专著和论文中提出，应当为美国大学生设定创业遗传代码，以造就最有革命性的创业新一代。[①] ②从文化素质领域诠释了创业教育的精髓。如英国学者 David Rae（2007）提出，通过构建包括制度建设和环境布局等在内的高校校园环境，促进创新创业教育的发展。③Paltasingh（2012）建议在政策层面建立一个完整的创业者教育与企业文化相结合的平台。从国外创业教育文化的角度出发，专注国家宏观层面的顶层设计研究、文化素质领域的研究以及文化建设中的平台建设。

---

① 杰弗里·蒂蒙斯. 创业学 [M]. 周伟民，吕长春，译. 人民邮电出版社，2005：21-23.

（2）国外高校对创新创业教育的研究和开展情况

整体而言，创新创业教育在美、英、日等发达国家已趋于成熟。在美国，创业教育被视为是解决社会失业问题的一种有效手段，创业教育已经成为美国职业教育发展的新方向，并在创业教育的实践过程中形成了自己独有的特色。从 1947 年，米勒斯梅斯（MylesMace）教授在哈佛商学院开设 MBA 课程"新创企业管理"以来，美国的创业教育已有 60 多年的历史。创业教育现已经形成涵盖基础教育与高等教育完整的课程教学体系，作为一门独立的学科，创业学设有专业学士、硕士及博士学位。[①] 美国创新创业教育的主要特色是：第一，创新创业教育使全社会的广泛参与并获得支持；第二，创新创业教育已成为一个完整的教育科研体系；第三，创新创业教育渗透到教学的各个环节；第四，创新创业教育有效地开发和利用社会资源进行创新创业实践；第五，重视培训以提升教师的创新创业能力。

英国的创业教育有一系列促进和鼓励创业的举措，例如，自 1981 年以来，英国实施了一系列促进和鼓励创业的举措，如"企业创办计划""小型工程公司""小型车间计划"。政策不断增加风险资本投资和中小企业贷款，倡导灵活就业，并实施一系列税收政策，鼓励人们通过自己创业来改变命运。自 1987 年英国政府实施"高等教育创业"项目以来，已经形成了较为完善的创业教育体系。2007年以来，英国政府出台了一系列支持大学生创业教育的政策，包括《全国大学生创业教育黄皮书》调查评估报告；政府启动了各类创业项目、构建创业型大学的建设模式，提出了创业教育目标和教学方

---

① 申恒运. 中美高校创业教育的比较研究［D］. 温州：温州大学，2011.

法的基本框架，建立了创业教育的多维评价体系。英国创新创业教育的主要特点可以归纳为：①在创业培训实践中，重视制度建设；②导师为创业者提供一对一的业务咨询；③校外人士踊跃参与，如政府和商界都非常关注大学生的创业活动，在创业活动的项目资金和业务方面都给予了极大的支持。

德国创业教育的最大特点就是贯穿从初等教育到中等教育再到大学教育的全过程，例如，在中学阶段，重点培养创业文化增强创业意识。各地方教育研究机构与经济研究机构共同研究教材案例，使教材内容贴近现实生活，避免了理论说教。此外，创新创业教育不仅注重个体能力的培养，更注意团队精神的培养，使学生之间、师生之间、校企之间依据创业计划组建团队，以提高学生的团队协作能力。1999 年，德国提出"要使高校成为创业者的熔炉"的口号，并提出在此后 10 年内，每年有 20%～30%的毕业生能创办自己的企业。德国还特点重视创业教育师资队伍的建设，聘请有企业实践经验的专业人员担任专业教师。从德国创业教育的发展过程来看，创业教育是一项复杂的系统工程，最重要的是学校与企业主体作用的合作，只有企业主动参与其中，并发挥主体作用，高校的创业教育才能落到实处。

1.4.2　国内相关研究和高校实践情况

国内关于创新创业教育已有的文献较多。通过对已有的研究来看，与渝商精神和渝商文化相关的研究更多是以专著、读本及音响宣传制品的形式出现。具体到将区域商业文化融入高校创新创业教育的研究，国内只有个别零星研究，而关于将渝商精神运用到高校创新创业教育中去的研究，目前还处于空白阶段。

　　在我国，创新创业教育的起步相对较晚。从发展的角度来看，它可以分为三个主要阶段：

　　第一阶段是尝试阶段。20 世纪 90 年代初，联合国教科文组织组织在北京举行的"面向 21 世纪教育国际研讨会"上首次提出了"创业教育"的概念。1998 年，清华大学举办了首届大学生创业计划竞赛，次年，该竞赛发展成为全国性的"挑战杯"创业计划大赛。2000 年 1 月，教育部实施了"大学生、研究生可以保留学籍，休学创办高新技术企业"的政策，于是许多高校开始对创新创业教育进行尝试性的探索。

　　第二阶段是试验阶段。2002 年，教育部选定全国 9 所重点大学进行创业教育试点。2005 年 8 月，KAB 创业教育（中国）项目在我国高校中开展，我国创新创业教育进入了多元化发展阶段，各试点高校均进行了有益探索。

　　第三阶段是推动阶段，在党的十七大报告中，明确提出了"实施扩大就业的发展战略，促进以创业带动就业"，这标志着创业教育进入了全面发展时期。

　　在 2002 年，国务院办公厅转发教育部等部门《关于进一步深化普通高等学校毕业生就业制度改革有关问题的意见》，指出"鼓励和支持大学毕业生进行自主创业"。在党的十八大召开之际，习近平总书记指出"建设人力资源强国依靠先进的教育，面对庞大的就业人口和严峻的就业形势，要以创业带动就业，实施扩大就业的发展战略"。党的十九大以来，习近平总书记更寄希望于青年一代创业、创新。与此同时，我国的创新创业教育通过借鉴国外的先进方法，结合我国情进行了大量的探索，几经摸索和实践，已经初具规模。

从前期国内外研究文献及梳理的情况来看，创新创业教育是当前研究的热点，有较好的研究基础，并且成果也较多。基于文化层面的研究则比较少，只有少量的研究涉及如何将商业文化融入高校创新创业教育。但是，具体到如何将重庆本土的渝商精神和渝商文化作为引领重庆地方高校创新创业教育的文化支撑，成为创新创业教育成效落地的有力保障，目前处于研究的空白领域。

1.5 研究思路及内容

本研究以渝商精神为切入点，分析渝商文化的历史内涵和现实意义，聚焦渝商文化融入重庆地方高校创新创业教育的载体和渠道，并选取部分高校作为典型案例，对其创新创业教育的举措和成效进行分析，从而为同类院校选择实现区域商业文化融入创新创业教育的路径、方式提供借鉴和参考。根据长期的教学研究和区域经济调研，本研究聚焦和明确渝商文化的内涵，并以此提炼出渝商文化的典型特征。在参阅大量的研究文献的基础上，构建了基本的理论分析框架，确定了渝商文化与地方高校创新创业教育融合的实现机理。通过收集整理已有研究成果，在实地调研资料数据和典型案例分析的基础上，探讨了当前我国高校创新创业教育存在的主要问题和成因。在充分借鉴其他地方将区域文化引入高校创新创业教育的经验和启发之上，又针对性地提出了重庆地方高校创新创业教育质量提升的实施路径和策略。

本研究从重庆地域文化核心之一的渝商精神和渝商文化出发，主要运用文献回顾和访谈的方法，从多个方面研究如何实现重庆地方高校创新创业教育质量的提升。首先，从理论上分析了创新创业教育的内涵，通过介绍高校创新创业教育的兴起和我国高校创新创业教育的发展现状，为深入研究地方高校的创新创业教育奠定了背景基础。其次，从重庆城市地理特色、历史文化特色和渝商创新创业精神三个方面，深入探讨了渝商创新创业文化的形成动因和发展轨迹，认为重庆是一个以"诚信"为核心的重商主义城市。作为一个城市本身，重庆充满了丰富的商业创新创业氛围。本研究通过对重庆发展历史的回顾，提炼出了渝商固有的"重信重义、自强不息"的精神，以及这种文化融入渝商血脉所形成的敢闯敢做、吃苦耐劳、特别能抱团的渝商创新创业精神。在此基础上，针对重庆地方高校开展详细调研，根据各高校的具体情况，总结出了重庆地方高校创新创业教育的现状和特点，并针对这些现状和特征结合创新创业教育的内涵和目标，指明重庆地方高校的创新创业教育还需要在以下几个方面有所提高：①创新创业教育的环境不够理想；②创新创业教育的管理体系不够健全；③创新创业教育的资源不够充足。最后，本研究针对重庆地方高校在创新创业教育中的各类问题，试图将重庆地方高校创新创业教育质量提升的问题放置在整个重庆区域文化的背景下，特别是在渝商精神的引领下来展开研究，立足重庆，充分利用重庆的本地资源和文化底蕴，并提出相应对策，以实现其教育质量的提升。

总之，本研究从分析大学生创新创业教育和渝商精神的角度出发，结合大学生创新创业教育的本土化和体现地方特色的要求，探索推进地方高校创新创业教育的有效途径和模式，为创新创业教育提供新的思路和模式。同时，通过探讨渝商的创新创业历程和历史渊源来指导重庆地方高校的创新创业教育，构建重庆地区大学生创新创业文化。更为重要的是，本研究着力推动重庆市地方高校创新创业教育与时俱进，以便更好地引导大学生创新创业活动，从而实现提升重庆地方高校创新创业教育质量这一根本目的。可以说，本研究将重庆地方高校创新创业教育与重庆区域文化背景紧密结合，试图找出一条适合重庆地方高校创新创业教育的道路，并期望能由此为各高校系统性地开展大学生创新创业教育提供可资借鉴的理论和方法，以点带面，促进全国高校创新创业教育质量的全面提升。

1.6　研究方法及运用

在本书的研究过程中，主要运用了以下方法：

（1）文献研究法

查阅有关期刊、书籍、电子文献等，对渝商精神和高校创新创业教育的资料进行收集、筛选、归纳、总结，为本研究的写作和观点提炼提供翔实的第一手资料。

（2）案例研究法

选取重庆市部分高校和商业文化繁荣的沿海地区代表性高校为典型案例，对当前高校创新创业教育的现状进行针对性分析，发现存在的问题，并提出相应的解决方案。

（3）访谈法

在对渝商精神的挖掘和提炼过程中，对部分渝商的典型代表人物进行访谈。此外，还对高校的一线教师和在校大学生进行广泛的访谈，了解他们在教学实施过程中遇到的问题，探讨渝商精神融入创新创业教育中应该考虑到的问题。

（4）经验总结法

根据教学实践所反映的事实，分析、概括实践现象，挖掘现有的经验材料，并使之上升到一定的理论高度，以便更好地指导将渝商精神融入创新创业教育。

（5）调查研究法

通过从重庆部分高校校园创新创业文化、创新创业教育融合问题等角度进行问卷调研，得出基本的数据结论。

2 高校创新创业教育与渝商精神的概念界定和理论基础

本章先对我国高校创新创业教育的整体情况进行了介绍和概述，然后对区域商业文化融入高校创新创业教育和渝商文化与重庆地方高校创新创业教育融合的机理进行了深入探讨。

2.1 高校创新创业教育概况

党的十八大、十九大均对创新创业人才培养做出了重要部署，国务院也对加强创新创业教育提出了明确要求。高校创新创业教育改革是国家实施创新驱动发展战略、促进经济提质增效升级的迫切需要，是推进高等教育综合改革、促进高校毕业生向更高质量的创业就业人才培养做出的重要举措。[①] 本部分主要阐述了高校创新创业教育的发展和内涵。

2.1.1 高校创新创业教育的兴起

高校创新创业教育并不是与高校同时诞生的，其兴起有其复杂

---

① 何增光. 高校创新创业教育咋开展 [N]. 中国教育报，2018-05-31.

的原因和历史背景，与社会经济发展和就业压力密切相关。同时，创新创业教育作为一种全新的教育理念和实践，不仅为高校教育提出了一个全新的课题，也带来了一个全新的挑战。

（1）创新创业教育的源起

人类的创造力和创新精神不但推动了人类文明的进步，还是一个国家和民族兴旺发达、生生不息的源泉。曾经被"欧洲创新协会"列为历史上对人类贡献最大的 250 人之一的著名学者爱德华·波诺有一句名言："毫无疑问，创造力是最重要的人力资源。没有创造力，就没有进步，我们就会永远重复同样的模式。"正是基于这种深刻的认知，高校教育才被赋予了重大的使命。

回顾现代大学教育 200 多年的历史，基本上是培养和激发学生创造力的历史，其中所发生的三个最为标志性的事件生动地诠释了这个历史过程：

①19 世纪初，德国洪堡大学率先将科学研究纳入研究生教育，以研究生成为重要的创新力量参与到科学研究中为标志诞生了现代大学。

②20 世纪中叶，美国哈佛大学率先将创业课程纳入本科教育，开创了大学创业教育的先河。创新能力的培养以学生直接创办科技企业的形式进入大学教育，带动了大学的发展。然而，在社会背景和传统学术教育理念的影响下，该课程并没有受到足够的重视和社会关注。

③20 世纪 70 年代，社会经济增长模式发生转变，科技成为第一生产力，创新成为社会经济发展的最重要的推动力。许多运行机制灵活的中小企业迅速发展起来，它们多以高科技为主导，并且不断

创新，为社会创造了很多的就业机会。因此，在创业过程中带来了巨大的经济效益与工作岗位的中小企业的创新创业就受到了广泛的关注，创业作为一种全新的理念迅速渗透到社会的各个层面，由此创新创业精神也被提炼了出来，即创新创业精神成为一种思维方式和行动模式，它体现的是创新的倾向和承担风险的意愿，是代表着一种寻求机会的能力以及把想法付诸行动的精神品质，这种创新创业精神很快地被社会所接纳，并被社会所宣扬。这种创业的需求给就业者带来的激情和希望，很快就融入了教育领域。但在真正想要创新创业的学生中，不是所有的人都了解创业过程，而自己本身具有创业知识和技能的更是寥寥无几。因此，在社会科技进步、经济结构出现变革的初期，在创新创业能够带来就业和学生对创业的大量需求的推动下，创新创业教育得到了重视，早在 20 世纪 40 年代创新创业教育作为一种教育改革内容就被提了出来并在各个国家铺展开来，创新创业教育从零散的课程逐渐形成了从小就接受的教育体系。

（2）高校创新创业教育的出现

纵观欧美发达国家的创新创业教育，很容易发现创新创业教育作为一种教育理念，虽然有从小学到整个教育体系开始扩大的趋势和必要性，但是高等院校教育体系中的创新创业教育无论是过去、现在还是未来都必将是创新创业教育的核心。以美国创新创业教育为例，其创新创业教育的重点是高校的创业教育。从 20 世纪 40 年代初哈佛商学院开设创业课程开始，许多高校纷纷开设创业课程，使高校成为创业教育最活跃、最有效的基地。大学生在创新和创业方面的能力比以前任何阶段受过教育的群体都强。因此，对大学生进行相应的创新创业教育，势必会取得比其他教育阶段更好的效果，创新创业教育的内容将得以更好地吸收，更好地应用于创新创业活动的实践，能够在创新实践中取得更好的效果。此外，高校的课程设置更加灵活，大学生学习更加主动，高校教育理念与创新创业教育密切相关，使得高校的创业教育实践更加容易，创新创业教育的课程设置更加灵活，采用的方式也可能更加多样化，也有足够的空间对创新创业教育进行有益的探索，也就是说，高校是创新创业教育最适合生存和发展的土壤。因此，目前发达国家的创新创业教育主要集中在高校的创新创业教育上。高校创新创业教育不仅在欧美等发达国家得到普及，在发展中国家也得到了重视。联合国教科文组织已将高校创新创业教育确定为与学术研究、职业教育同等重要的教育目标。

高校的创新创业教育作为一种教育思想和要求被提出和确立，是有其必要性和必然性的。高校创新创业教育是知识经济和多元化社会发展的必然要求。在知识经济时代，高科技使工业效率逐年提高，成品的社会劳动力投入越来越少，现有行业对劳动力的需求越来越少。因此，掌握现代科学知识和技术的青年大学生必须担负起创新创业的重任。21 世纪初，"创客运动"在世界各地兴起，这场技术和创新学习的全球革命直接将创造力转化为每个人的内在需要，从而成为教育的核心任务之一。对学生创造力的培养以创客教育和创客培养的多种形式体现。可以说，两个多世纪以来，随着现代大学的出现和发展，以培养和激发创造力为核心的现代大学教育，一直沿着创新、创业、创造的主线从学术领域到经济文化领域，从研究生教育走向了本科教育和大众。从科技创新到产品创新、企业创新和对新生活的价值追求，最终传统大学从"象牙塔"走向经济社会发展的中心和前沿，大学教育从知识型走向研究型。大学生的角色也从知识的学习者、获取者、继承者向创新者、企业家、创造者转变。2013 年 11 月，习近平总书记在致信 2013 年全球创业周中国站活动组委会时强调："全社会都要重视和支持青年创新创业，提供更有利的条件，搭建更广阔的舞台，让广大青年在创新创业中焕发出更加夺目的青春光彩"。2015 年 3 月，国务院在政府工作报告中首次提出将"推动大众创业、万众创新"作为"培育和催生经济社会发展的新动力"，随后，国务院先后发布了《关于发展众创空间推进大众创新创业的指导意见》《关于加快构建大众创业万众创新支撑平台的指导意见》和《关于深化高等学校创新创业教育改革的实施意见》。作为最具创新、创业潜力的社会组织之一的大学，"创新创业"也迅速成为 2015 年高等教育的热门词汇。2015 年 6 月，教育部推动建立"中国高等院校创新创业教育联盟"，增设"全国高等职业院校创新创业教育联盟"分支机构。与此同时，由国家有关部门、地方政府和高校牵头或推动的创新创业载体建设和创新创业技能竞赛也层出不穷。①据教育部统计，2015 年以来，我国 82% 的高校开设了创新创业必修或选修课程，创业教育课程数比上年增长 14%，设立的创新创业资金达到了 10.2 亿元，吸引校外资金达到了 12.8 亿元。高校设立的创业基地数量也增加了 18%，场地面积增加了近20%，大学生参与创新创业活动的人次达到了 300 多万人次。②

---

① 王丹中. 起点·节点·重点：高校创新创业教育内涵与路径 [J]. 职教论坛，2015（33）：27-30.
② 裴景涛，李士国. 高职航海类专业加强创新创业教育的探索 [J]. 学园，2018（28）：175-176.

（3）"大众创业、万众创新"的兴起

目前，我国人口众多，高校毕业生逐年增加，就业形势越来越严峻。多年来，就业问题一直是人们关注的问题，也是大学生毕业后需要面对的第一个问题。解决好就业问题，可以保证人们最基本的生活条件，促进经济的稳定发展，保持社会繁荣稳定。在2014年夏季达沃斯论坛上，李克强提出了"大众创业、万众创新"的观点，这引起了社会各界的广泛关注。此后，政府出台了一系列相关政策，落实"创新创业"理念，希望通过创新创业促进中国经济的可持续发展。2017年6月，国务院办公厅发布了《关于建设第二批大众创业万众创新示范基地的实施意见》；7月，国务院发布《关于强化实施创新驱动发展战略进一步推进大众创业万众创新深入发展的意见》；9月，"2017年全国大众创业万众创新活动周"正式启动。可见，国家出台一系列政策鼓励大众创新、创业，提升全民的创新意识，培养全民的创新能力，为社会经济的发展注入新的活力，为社会提供更多的就业机会。这样做，不仅能够缓解当前的就业压力，更能够带动社会经济的全面发展。

2.1.2　高校创新创业教育的内涵辨析

与充满活力的创新创业活动形成鲜明对比的是，各高校对创新创业教育的认识和理解并不完全统一，甚至还有相悖之处。因此，有必要对高校创新创业教育的概念和范畴做出界定。

（1）创新与创业

古代的汉语词汇里早已有了"创新""创业"。据考证，"创新"一词最早出现于《魏书》："革弊创新者，先皇之志也"；"创业"一词最早出现于《孟子·惠王下》："君子创业垂统，为可继也"。根据通常的理解，创造物质及精神新事物的结果、行为或过程就是"创新"。开创性地创造经济的、社会的价值的方式、行为或过程就是"创业"，都是人类特有的认识能力和实践能力的反映。总观目前有关"大众创业、万众创新"的各类文章，"创新创业"基本上是作为一个词组出现的。但从整体意义上深入剖析的话，"创新""创业"两者之间是有一定区别的，比如，基础理论创新等创新并非创业，传统产业的低端创业也不是创新，只有以创新为基础的创业，才能使创新创业成为一体，两者才产生了有机联系。

创新与创业的相互联系表现在以下几个方面：第一，创新是指理论、方法或技术等某一方面的发现、发明、改进或新的结合。创业则是一种思维、推理和行动的方法，是抓住机遇，创造性地整合资源，从而建立起新的企业或开拓新的事业。① 换言之，就是将创新的理念或成果应用于行业或事业，创造新的领域或新的形势。第二，创新注重成果，创业不仅注重可能的成果，还注重实现成果的条件。第三，创业比创新更关注结果的可实现性或可能的经济效益。由此可见，创业是在创新的基础上，将创新的思想或成果转化为现实生产力的社会活动。也就是说，创业是个人具有的创业精神和有价值的商业机会的结合，是开创新事业，其本质在于把握机会，创造性地整合资源、创新和超前行动，创业的本质是创新和变革。

（2）创新教育与创业教育

创新教育的定义大致可分为两类：第一类是将创新教育定义为

---

① 曲殿彬. 论创业的内涵、特性、类型及价值［J］. 白城师范学院学报，2011（5）：91-93.

旨在培养创新意识、精神、思维、能力及人格等创新素质和创新人才的教育活动；第二类是将创新教育定义为相对于被动教育、保守教育或传统教育而言的一种新型教育。可以说，创新教育是培养学生再发现和探索能力、重组知识综合能力、运用知识解决问题、激发创新能力的一系列教育活动。

对于创业教育，大多数学者是从广义和狭义两个角度来定义创业教育的。广义的创业教育是指培养创业精神，即通过相关课程体系，提高学生的整体素质和能力，具有主动性、冒险性、创业能力、独立工作能力；狭义的创业教育是指创办企业所接受的职业教育。美国排名第一的创业大学百森商学院的吴健民教授认为，创业教育是教育学生抓住机遇和组织资源，从而为企业的快速高效发展提供动力的能力。换句话说，通过教育，学生可以学会利用环境、抓住机遇、成熟自我。

可以说，创业教育与创新教育有着密切的关系，创业教育需要创新教育的思想方法和创新教育的成果。然而，创业教育的目的并不仅是获得新的思维和新的方法，而是培养学生的勇气和能力，使他们能够用新的思维和新的方法将其所学的知识付诸实践。创新教育注重培养学生尊重权威而不迷信权威的精神和勇气，尊重现实而不局限于现实，以及创新思维和创新方法的培养。然而，创业教育更注重如何培养学生运用自己的勇气、智慧、知识和能力去发现和实现目标。通过对创新教育与创业教育的基本内涵的比较，不难发现创新教育与创业教育的内容是相互融合、互补的，结构是一致的。创新是创业的基础和核心，创新精神支持创业。创新思维和创新意愿，再加上实践能力和市场机遇，更容易实现成功的创业；同时，创业是一种行为创新，而不是停留在创新的概念和思维中，创业是创新的行动和形式。① 如果从经济学、管理学、创新学的角度来分析，创新首先是一个经济学概念。根据创新理论的创始人熊彼特的观点，创新是企业家将一个从未有过的生产要素和生产条件的"新结合"引入到生产体系中，建立起一种新的生产函数，其形式之一就是建立一种新的企业组织形式。根据管理大师德鲁克的观点，创业是为了创造一个新的事业，不是重复旧的生产经营模式，而是创造新的组织模式来满足或改变旧的组织模式等，创业的本质是在组织中建立新的生产职能。因此，本书认为创新教育与创业教育在本质上是相同的，创业教育是创新教育在企业价值创造领域的体现。

（3）创新创业教育

创新教育、创业教育的基本概念如前文所述，而创新创业教育则是一个相对模糊的概念。对于创新创业教育的内涵，国内学术界有三种认识：一是将创新创业教育等同于创新教育；二是认为创新创业教育等同于创业教育；三是认为创新创业教育是创新教育与创业教育的结合，是以培养受教育者的创新能力、创新意识和创新思维为目标的新型教育思想、创新理念和创新模式，为培养学生的创新能力、创新意识和创新思维奠定了坚实的基础。创新创业教育是培养具有创新精神和实践能力的人才，它们的根本目的是相同的。创新教育将创业教育融入素质教育，创业教育使创新教育更加具体化。因此，创新创业教育不仅是教育领域的问题，同时也涉及政治、经济等领域，诸如经验性学习、行动学习都存在着一些重合的情况。

---

① 张彦. 高校创新创业教育的观念辨析与战略思考 [J]. 中国高等教育，2010（23）：45-46.

此外，创新创业教育由于文化和地域的不同，而具有不同的理念和内涵。因此，个人和公众对创新创业教育有着不同的价值判断。而且，创新创业教育的内容、目标和对象也多种多样，是一个不断变化和发展的过程。

基于以上认识，本研究认为高校创新创业教育是一种教育理念，是基于对创业的认识而形成的一种积极的、有准备的自觉状态，更是创新教育与创业教育有机融合的结果。创新创业教育是以培养学生创新创业的思想意识、创新创业能力、创业技能为基本内容，注重实践，注重创新，其目的是培养学生的创新意识、创新能力、创业能力。它是基于经济和教育的深度融合，将教育学、经济学、创造学、心理学、人才学、社会学等学科的理论和方法有机融合起来，并通过学校、企业、社会等多种渠道，帮助学生树立创新意识、激发创业激情和精神、掌握商业知识、提高创新创业能力，使学生成为具有开创个性人格的未来新兴企业、产品和职业岗位创造者的教育，体现了内容综合性强和教学方法实践性强两大特征。创新创业教育理念反映了高校人才培养重心的转移，指明了高等教育改革与发展的方向，即以培养学生的创业精神、创新精神和创业能力为新的价值取向。

2.2　高校创新创业教育过程中区域商业文化的融入

文化，特别是商业文化，是人类在历史发展过程中创造的重要的精神财富。高校精神文化是指教师和学生在教学活动中形成的精神追求和文化氛围，它是校园文化建设的灵魂工程。从商业文化的角度来看，创新创业教育的实质是去理解和引导创新创业的价值，以及创新创业文化的创造和发展过程。创新创业的价值在于为他人提供就业机会，为社会和个人创造生存财富，促进社会的和谐发展。高校应加强对创新创业价值取向的引导，使其成为师生共同的价值追求和有效的行为模式。创新创业教育作为一种新的教育理念、新的人才培养模式和教育教学改革方向，正在融入新时期高校教育各方面的教学管理和大学生培训的全过程之中。通过营造良好的校园创新创业文化环境，引导广大学生自觉追求创新创业，有利于为个人成长和生活发展服务，为社会创造财富和利益，实现人生价值最大化。①

2.2.1 创新创业活动融入商业文化的功能

商业文化作为文化的一种，在促进人们创新创业和提升高校创新创业教育质量方面能够产生深刻的影响，具有重要的功能。

（1）激励功能

商业文化对创新创业的激励作用体现在创造良好的发展环境，营造良好的创新创业氛围和普遍接受的创新创业理念，促进和保障创业者潜能的最大化方面。通过引入商业文化，创新创业活动可以实现可持续发展，并在长期的外部激烈竞争中保持内部的统一认识。在创新创业过程中，衡量组织执行能力的重要标准往往是效率，带来高效益的往往是高效率。它的动力来源于创新创业者的主动性，在很大程度上是创新创业文化，特别是商业文化的产物。

---

① 何孟原，吴金秋."融入式"创新创业教育视阈下创新创业文化建设研究［J］.黑龙江教育（理论与实践），2014（2）：64-65.

（2）导向功能

作为一种价值观的创新创业文化，正确的商业文化可以引导和规定人们追求的目标，规范创新创业组织以及创业者的行为规范和准则。一个具有活力和持久力的创新创业组织必须有远大的目标和价值追求，而这样的目标和追求在很大程度上指引并约束着一个组织的创新创业理念和发展思路，烙印在组织和创业者的创新创业活动中，对创新创业组织的存续和可持续发展起着极为重要的作用。

（3）凝聚功能

创新创业文化具有同化、整合和向心力的多重功能，即能够激励和同化后进者，使各种层级的创新创业者包括决策层面和执行层面融合在一起，为共同的目标追求做出贡献。创新创业文化，特别是商业文化，可以依靠科学的制度来规范和管理企业家，确保创新创业组织的有序运行，可以依靠共同的智慧来保证创新创业组织可持续发展。

（4）协调功能

正确的商业文化能够协调创业者与创业者之间、创业者与创新创业组织之间、组织与组织之间、组织与外部社会环境之间的关系，使创新创业组织的内部关系更加紧密、使创新创业组织与社会更加融洽。在创新创业文化建设过程中形成的商业文化、企业精神、价值观、行为准则和环境责任，已成为新时期社会价值体系和新时代社会主义核心价值观的重要组成部分。

2.2.2 创新创业教育融入商业文化的必要性

渝商文化是渝商商帮在数百年的风风雨雨中不断渗透、转型、升级而形成的宝贵精神财富。不仅是渝商商帮，还有其他具有地域特色的商业文化，都承载着区域商业文化，特别是创业文化的发展、传承、传播的责任。因此，促进区域商业文化与地方高校创新创业教育的深度融合，具有重要意义和紧迫性。从理论上来讲，区域商业文化与地方高校创新创业教育相融合的意义主要包括以下几个方面：

（1）区域商业文化明确了培养大学生创新精神的目标

如何在创新创业教育中培养学生的创新精神一直是教学工作中的难点，因为它属于形而上学的内容。将区域商业文化融入大学生创新精神的培养过程，可以根据区域定位制定明确的培训目标。例如，渝商文化的核心是创新精神，包括创新理念、市场经济观念、不依赖政府而独立奋斗的精神、追求团队合作等，这些都为大学生创新精神的培养提供了明确的参考方向。同时，对于地方高校来说，还可以将区域商业文化中的创新精神模块融入其中，如渝商文化中的"踏实做人、务实做事"，这就是一个培养大学生创新精神的很好的目标。

（2）区域商业文化为大学生创新创业意识的培养明确了方向

培养大学生的创新创业意识是创新创业教育的另一个重点内容。从当前主流的观点来看，创业意识的培养主要集中在课程整合、创业实践和文化熏陶三个方面。因此，将区域商业文化融入课程和环境文化教学，可以为大学生创业意识的培养提供明确的方向。特别是，将不同地域的商业文化融入教学之中，本身就是对准创业者非常好的精神文化熏陶。

（3）区域商帮代表人物为大学生创新创业能力的培养提供了丰

富的范例

地方高校创新创业教育的重中之重是培养创新创业能力，个性化案例的应用是培养大学生创新创业能力的重要手段之一。尽管区域商业文化的内容是比较抽象的，但商帮的代表人物形象却是鲜活的，他们是区域商业文化的精髓及案例的具体体现，因此，通过对典型人物在创新创业过程中的事迹的整理、聚焦、挖掘，可以为培养大学生的创新创业能力提供丰富的素材。

2.2.3 创新创业教育融入商业文化的重要性

在"大众创业、万众创新"理念和创新创业教育的积极引导下，商业文化建设成了培养新时代大学生职业观和就业观中极为重要的环节，高校在人才培养模式上应立足于以社会需求为目标，以能力为核心，在此基础上将商业文化纳入人才培养体系中。因此，在加强专业素质培养的同时，开展商业文化教育是高校的当务之急。商业文化教育的发展可以显著提高新时代大学生的商业文化素养，纠正其职业价值观的偏差，帮助他们树立积极、正确的职业观，增强学生未来发展的思想基础。

（1）创新创业文化是校园文化的新内容

良好的校园文化不仅营造了培养人才的良好环境，还孕育了创新创业教育和创业活动适宜的人文土壤。创新创业教育融入校园文化，也为校园文化建设带来了新的方向。通过价值导向、行为导向和制度导向，引导师生树立正确的职业观与创业观。培养师生树立创业意识、理想和信念，引导学生培养创新创业兴趣，激发创新创业动力，不仅要培养学生树立创新创业的自我意识，更要培养他们承担社会责任的意识，使青年勇于肩负社会责任，树立起为社会整体利益艰苦奋斗、开拓创新的远大理想和宏伟志向。[①]

（2）创新创业文化是思想政治教育的新途径

创新创业教育能最大限度地发挥学生的潜能，塑造大学生创新创业的基本素质，培养大学生创业的综合素质。创新创业教育与思想政治教育相结合，可以形成积极、活跃、健康的校园文化氛围，激发大学生奋发进取的创业精神。[②] 它还能促进校风建设和学风建设，使青年学生在遇到困难和挫折时保持坚定的信心和毅力，提高新时代大学生进入社会和市场的适应能力和生存能力。

（3）创新创业文化是社会文化建设的新导向

良好的创新创业文化氛围能引导创新创业者的思维方式和行为方式，能有效激发创新理念、促进创新创业行动。博大精深的中华传统文化及商业文化，深刻影响着人们的社会心理和价值取向，无私奉献、艰苦奋斗已成为中华民族优秀品质的象征，但同时"中庸""无为"等观念有时会成为创新与突破的障碍，因此，将创新创业文化氛围的地位提升到社会文化建设的高度，推动创新创业教育的大发展就显得尤为重要。

（4）培养商业文化素养是创新创业教育的内在要求

商业文化素养是人们内心世界中的商业文化精神与商业思维能力的有机统一。对大学生来说，表现为对商业文化的精神关怀和对商业思维能力的探索和培养。通过提高商业文化素养，希望大学生

---

① 何孟原，吴金秋. "融入式"创新创业教育视阈下创新创业文化建设研究 [J]. 黑龙江教育（理论与实践），2014（2）：64-65.

② 同①

们能在大学里自学成才，提高思想意识和实践能力，兼备软硬实力，为未来的创新创业做好准备。当前高校人才培养的常见不足是重视大学生专业知识的提高，忽视了社会实践的重要性。[①] 而在实践中，培养商业文化素养的工作更为缺少，直接导致了毕业生专业操作能力不强、缺乏商业文化底蕴而在实际工作中处理具体问题的能力达不到社会的要求。

（5）融入商业文化是创新创业教育的新模式

高校创新创业教育融入商业文化是新时代高校创新创业教育模式的尝试，目的在于将创新创业教育的观念精髓融入人才培养，即包括将创新创业教育的理念融入人才培养计划、将创新创业教育学分纳入人才培养总学分、将创新创业教育课程纳入专业课程体系、将创新创业教育纳入专业实践教学实践、将潜在创业者培养融入就业教育与指导、引导和融合大学生的社会责任感、把创新思想政治教育发展到人才培养的保障体系和创业教育机制中，实现创新创业教育与素质教育的全面融合，为创新创业教育提供人才培养的有效保障，从而实现创新创业教育与素质教育、专业教育、就业教育及思想政治教育的充分融合。将商业文化融入创新创业教育的宏观目标和总体要求是体现融入式教育的理念，使创新创业思维对学生的学习、生活、成长和发展产生深远的影响。[②]

---

① 陈静."大众创业万众创新"热潮下高校商业文化建设的研究 [J]. 智库时代，2018，164（48）：95-96.

② 何孟原，吴金秋."融入式"创新创业教育视阈下创新创业文化建设研究 [J]. 黑龙江教育（理论与实践），2014（2）：64-65.

2.3 渝商文化与重庆地方高校创新创业教育融合的机理分析

本节以渝商精神为切入点，运用艾德·希恩的三层次文化模型，搭建渝商文化与地方高校创新创业教育有机融合的理论基础和分析框架。

2.3.1 艾德·希恩的三层次文化模型

麻省理工学院艾德·希恩教授认为文化是一系列运行良好并相当有效的基本假设，在企业发展过程中产生和完善了企业文化。企业文化一般从外到内分为三个层面：最外层是行为准则（物质形态层面），中层是价值观和原则，最内层是基本假设。作为企业文化最外层的行为准则，是企业文化的物质形态层面，如工厂、车间、办公楼、企业广告、服装等；企业文化的中层，支撑着企业文化的外层，包括价值观和原则这些基本概念；基本假设则是企业文化的核心，是其最内层，反映的是其价值观及精神内容。显然这一层次的内容是无形的，但往往已内化在人们的意识水平上，所以往往能在人们的行为中感受到这种文化的印迹。[①]

---

① 褚又君. 湖商文化与地方高职院校创业教育融合研究——以湖洲职院为例［D］. 杭州：浙江工业大学，2017.

2.3.2　以三层次企业文化模型为指引的渝商文化 与重庆高校创新创业教育的融合机理

以三层次企业文化模式为视角,可以从三个维度对渝商文化与创新创业教育在重庆地方高校的整合进行归纳和演绎。首先,行为准则(物质形式)是渝商文化融入地方高校创新创业教育的明确组成部分,包括环境布局、日常办公、口号等方面。从这个角度来看,渝商文化与高校创新创业教育的融合,不仅体现了创新创业文化的个性化表达,还体现了渝商文化与创新创业校园文化的良好融合,体现了地域特征。其次,重庆地方高校实施创新创业教育的基本核心和理念基础与渝商精神的核心价值观相一致。即使在地方高校创新创业学院的建设中,校风、校名和校训也可以凸显渝商精神的要素。最后,基本假设是渝商精神融入重庆地方高校创新创业教育的核心层面。从这个角度来看,学生希望得到更好的教育,以提高他们的创新创业能力和创新创业成功率,从而获得更好的创新创业配套服务(见图 2-1)。

(1)物质形态层次:渝商文化融入重庆地方高校创新创业教育的外显部分

从这个角度来看,企业的重点是在日常办公和经营中以各种方式展示组织文化。同样,重庆地方高校创新创业教育的显性部分也是一样的。具体可以采取以下几个方面的措施:第一,在高校创新创业校园文化的整体建设过程中,引入渝商文化,形成整体的促进机制。例如,用渝商的信息来命名学院、二级院系、教研室,甚至班级。第二,可以把渝商的标语、照片和肖像挂在校园的教室、走廊和培训室的墙上。同时，还可以在校园里摆放渝商代表人物的雕塑，让老师和学生每天都能听到和看到渝商的信息。此外，要定期组织以渝商企业命名的各种活动，使师生对渝商企业及其企业文化有更直接的了解。第三，我们可以考虑建设更完善的文化场所、培训室或纪念馆。总之，让渝商文化走进校园的每一个角落，形成独具特色的校园文化。

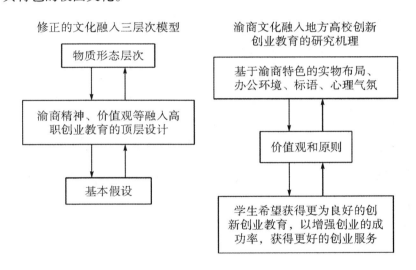

修正的文化融入三层次模型

物质形态层次

渝商精神、价值观等融入高职创业教育的顶层设计

基本假设

渝商文化融入地方高校创新创业教育的研究机理

基于渝商特色的实物布局、办公环境、标语、心理气氛

价值观和原则

学生希望获得更为良好的创新创业教育，以增强创业的成功率，获得更好的创业服务

图 2-1　基于修正三层次文化模型的

渝商精神融入地方高校创新创业教育的机理图

（2）价值观和原则：渝商精神和价值观融入高校创新创业教育的顶层设计

从企业的角度来看，价值观和原则是企业文化建设的重要组成部分。基于渝商文化融入高校创新创业教育的主张，价值观和原则主要包括两个层次的工作。一方面，要研究和提炼渝商精神和价值观的内涵和构成，提炼过程要准确，要得到教师、学生和全社会的

广泛认可，体现一定的传承和特点。另一方面，如何将渝商精神和价值观融入创新创业教育的全过程，产生实效，需要顶层设计。主要包括渝商精神与大学课程对接、渝商文化与培训基地建设对接、渝商文化与人才培养项目对接全过程、渝商文化教师队伍的建设等，要使整个顶层设计工作与渝商文化对接相结合，并且在实施过程中由特定的专业人才来执行。

（3）基本假设：重庆地方高校创新创业教育质量的持续提升

从企业文化建设的角度来看，基本假设的内容主要包括产品质量的持续改进、客户满意度和业务效率的不断提升等。根据这一逻辑和思路，将渝商文化融入重庆地方高校创新创业教育的基本假设可以设定为：不断提高高校创新创业教育的质量和效果。例如，创新创业课程体系的不断完善、学生创业热情的不断增强、创新创业意识的持续强化、竞赛获奖率的不断提高、创业成功率的不断提升等。①

---

① 褚又君. 湖商文化与地方高职院校创业教育融合研究——以湖州职院为例［D］. 杭州：浙江工业大学，2017.

3 区域文化视域下的渝商精神

一个地区的文化内涵和文化风貌对该地区的经济活动有着隐性但深远的影响，就像一双"看不见的手"，并与经济社会的发展互为因果、相辅相成。优秀的区域文化反对因循守旧、裹足不前，倡导自主创业、持续创新，对促进和引导经济社会的发展具有重要作用。在全球范围内，经济、科学和技术等各方面均处于领先水平的世界大国都有着强大的创业精神和创新文化氛围。进一步弘扬重庆创新创业文化传统，加强重庆优秀的创新创业文化建设，完善与改革和市场经济相适应的文化理念，重塑渝商精神的文化气质，努力打造大众创业、万众创新的浓厚氛围和有利条件，这些对促进重庆经济社会的综合发展都具有重要意义。

2015 年，《国务院办公厅关于深化高等学校创新创业教育改革的实施意见》明确提出了"到 2020 年建立健全课堂教学、自主学习、结合实践、指导帮扶、文化引领融为一体的高校创新创业教育体系"的目标。高校创新创业教育作为创新创业教育的重要组成部分，由于文化、地域等因素的不同，出现了不同的理念和内涵，这就要求我们必须在实践中加以掌握和发展。重庆高校创新创业教育必须要有一定的文化基础，以彰显地方区域的特色和差异。文化引领创新创业教育在高等教育中的作用十分显著，以一定的区域文化为背景开展创新创业教育，实现高等教育、区域文化与区域经济发展之间的良性互动，本土化实践高校的创新创业教育，这也是当代高校实现育人职能的必然任务。创新创业教育蕴含着新的教育理念，符合时代精神和区域经济社会发展的需要。善于开拓创新和艰苦创业的渝商精神和渝商文化经过历代渝商的发展，已经在重庆大地上培育发展起来。以渝商精神和渝商文化为引领，在重庆地区的高校开展具有鲜明区域文化底蕴的创新创业教育，对于培养学生的创新创业意识、创新精神和创新能力、提高学生的综合素质、促进地方高校的创新与发展、提升新时代下重庆地方高校创新创业教育的质量都具有重要的指导意义，同时也是提升重庆地方高校大学生综合素质的重要途径。本研究以重庆地域文化为背景，分析渝商精神和渝商文化，探讨其在重庆高校创新创业教育中的价值和引导作用。

3.1 区域文化解析

区域文化有着丰富的内涵和表现，在创新创业教育中渗透地域文化具有极大的价值和意义。

3.1.1 区域文化

大量的事实已经证明，区域文化对区域经济社会以及产业的发展都有着重要的促进和推动作用。

（1）区域文化的内涵

文化是一个内涵丰富的词语。从广义上来讲，文化是人们长期创造和形成的社会现象。同时，它也是一种历史现象，是社会历史的积淀。准确地说，文化是指一个国家或一个民族的历史、地理、风土人情、传统习俗、生活方式、文学艺术、行为准则、思维方式、价值观等的综合。

文化是在人与环境的互动过程中产生的，它通过不断地积累和沉淀，形成一种个性。虽然在环境变化的过程中文化会发生一些缓慢的变化，但其个性是可以追溯的。人类文化具有多样性和多元化的基本特征。从区域的角度来看，无论是来自世界范围，还是来自一个国家，都可以区分出许多不同的文化板块。在同一个国家，由于不同的自然地理环境、人文因素和历史发展过程，各有其自身的地域文化特征，进而形成了整个国家的文化。而区域文化的形成过程大致可以描述为：由于巨大差异的地理环境，各地的政治经济发展也不平衡，不断演变的政治、经济、文化中心，各种文化群体以不同的深度、广度、频率交流碰撞以及长期以来积淀下来的独特的不对称的文化心理，都直接或间接地造成不同区域内人们各有千秋而又相对稳定的传统、地域条件和风俗习惯、人格特征和心理特征，也创造了丰富多彩、千差万别的文化成就。经过悠久的历史积淀，一些地理区域具有相似或相同的文化特征，居民在语言、宗教信仰、艺术形式、生活习惯、道德观念、心理、人格、行为等方面具有一致性。① 区域文化是在历史发展过程中逐步形成的意识形态的总和，反映的是该区域具体的人文历史环境，也是该区域与其他区域文化有所不同的基本人文特征。文化在塑造人的过程中起着重要作用，

① 王颖，李慧清. 区域文化对大学生创业意愿影响的实证研究 [J]. 高等教育研究，2015（1）：17-22.

不同文化的"个性"决定着人们的思维方式和行为方式。

区域文化是指在长期的历史发展过程中，由于地理环境、自然条件和人文因素的不同所造就的文化背景的差异，从而形成了与地理位置紧密相关的独特的文化特征。区域文化是在历史发展过程中逐步形成的区域内思想意识的总和，反映的是一个区域的具体的人文历史环境，也是该区域与其他区域文化不同的基本人文特征。由于不同地区地理环境的差异以及经济政治发展的不平衡，随着不同区域经济、政治、文化的互动，文化氛围、文化模式和文化传统的相互独立性、相互差异逐渐形成。根据不同的文化传统与不同地区文化产生的文化效应，区域文化的存在与地方文化的传承是分不开的，地方文化会产生不同的民俗文化，从而产生不同的区域文化。文化在塑造人的过程中起着重要作用，不同文化的"个性"决定着人们的思维方式和行为方式。

（2）区域文化对区域经济发展的重要作用

首先，区域文化是区域经济社会发展的智力支撑和精神动力。区域文化环境是区域经济社会整体发展不可或缺的因素，对区域经济社会的发展具有重要作用。不同地区的地域文化对不同地区人的思想观念、人生价值观和精神面貌都产生了深刻的影响，它在人们社会生活的各个方面都打上了区域文化的特点，对于区域经济社会的发展也打上了区域文化的烙印，使不同地区的经济发展走上了具有各自区域文化的道路。

其次，不同区域间经济社会的协调发展也受区域文化的直接影响。区域文化的形成过程是一个相当长的历史过程。区域文化是由区域内的各社会群体在长期的共同生活中逐渐形成并得到认可的。

它超越了个体存在的价值，具有强烈的地域性。我国区域经济社会的发展还存在较大的差距，而区域文化差异是造成东、中、西部地区差距较大的原因之一，它影响着区域经济社会之间的协调发展。例如，我国东部地区地理位置优越，具有开放性、创新性和区域文化包容性的特点，同时，受外来文化影响，商业意识强。然而，西部地区由于地理位置封闭，区域文化的接受度和兼容性较小，在经济发展过程中，小农经济意识逐渐形成，市场缺乏敏感性和竞争意识，这也会对区域经济社会的发展产生不利影响。

最后，在区域经济社会的创新中区域文化发挥着重要作用。一个国家的发展，除了需要强大的经济实力外，还需要强大的文化力量。创新是一个民族进步的灵魂，文化创新是推动这一目标实现的核心因素。在当今的知识、信息和互联网高速发展时代，区域经济社会的发展水平在很大程度上取决于该地区的科技、教育和创新水平。加强文化建设的动力即文化创新，要在文化领域取得重大突破，只有不断进行文化创新。可以说，文化创新在一个地区的经济社会发展中起着不可估量的作用。

3.1.2　创新创业教育中地域文化渗透的必要性和意义

习近平总书记在十九大报告中明确提出："要充分坚定文化自信，促进社会主义文化的繁荣发展"，确立了"培育担当民族伟大复兴重任的时代新人"的重要命题，为新时代的青少年成长与发展指明了正确方向。当代大学生要在当今的社会转型中履行自身的责任与使命，充分实现自己的个人价值，就必须正确认识和看待区域文化，增强对区域传统文化的认同感。同时，要把这种文化认同和实现中华民族伟大复兴的重要使命落实到实际行动中，将专业学习和社会实践有机结合。

（1）地方高校创新创业教育面临挑战

为了推动全社会培养和重视创新型人才，国家出台了"大众创业，万众创新"的相关政策。目前，地方高校已经陆续开展了创新创业教育，但在具体的实施过程中也遇到了诸多挑战。首先，与教育部和其他中央部委所属高校相比，地方高校的大学生对创新创业的认识不高、创新创业氛围不浓。大学生创新创业意识的培养和校园创新创业氛围的营造对加强创新创业教育具有重要意义。目前，我国有相当数量的地方高校对创新创业教育的目标还不是非常明确，他们更多地是注重专业学科和就业教育，而在很大程度上忽视了创新创业教育或者将两者割裂开来。很多地方高校依然主要是通过课堂教学提高大学生的创新创业意识，形式相对单一，效果也不甚理想。虽然一般的地方高校都已经建立起了创新创业实践基地，但是这些基地真正能够发挥的作用是有限的，不能满足大多数学生的实践需求。此外，创新创业教育的师资队伍建设也是地方高校开展创新创业教育的一个难题，只有当师资得到充分的保障，才能为地方高校的创新创业教育打下良好的基础。目前，地方高校创新创业型教师队伍存在专业教师数量不足、实践教学能力不足、师资队伍建设体系不完善等问题。此外，地方高校创新创业教育的师资还不够多元化，缺少优秀校友和成功企业家参与，创新创业经验分享讲座无法有效解决学生在创业过程中遇到的所有问题，还需为学生搭建良好的平台。

（2）地域文化承载着大学生创新创业教育的优秀品质

区域文化资源是地方经济社会发展的宝贵精神财富，充分的区域文化学习和教育可以引导学生学习前人的毅力、勤劳、脚踏实地的奋斗精神，同时也可以将这种精神运用到大学生的创新创业教育中去，有助于提出创新、实现创业。在学校开展各种有关区域文化的宣传和推广活动，不仅是对区域文化的传承和弘扬，更是对大学生保持身心健康、树立正确价值观、促进创新创业教育发展的有力引导。

（3）有利于学生树立正确的价值观和文化观

大学生是建设中国特色社会主义社会最具生机活力和创新力的群体，肩负着中华民族伟大复兴的重要使命，而是否有正确的价值观、人生观和文化观，将直接决定他们是否有能力和资本来完成自己的使命。从客观层面上来看，我国社会经济不断发展，在与世界各国交往日益密切的情况下，整体社会环境中的娱乐主义、消费风气较为普遍，公众对优秀传统文化的认识存在明显的不足，对自己所生活地区的文化缺乏了解。① 因此，加强大学生对地域文化的认同，制定科学有效的认同路径，是当前高校和广大教育工作者迫切需要解决的重大问题。

（4）有利于拓展创新创业教育的发展空间

在继承和发展我国优秀传统文化的过程中，为了构建文化强国的宏伟蓝图，政府越来越重视文化对经济社会发展的重要作用，逐步开发地方传统文化，探索其文化内涵和特色，并主动搭建平台为

---

① 黎鲲，周丽妤. 创新创业教育中地域文化的渗透路径 [J]. 湖北开放职业学院学报，2018，31 (24)：3-4.

优秀的创意项目提供有利的政策与资金支持。特别是对于大学生的创新创业，高校、地方政府和企业组织都制定了一系列的激励机制，将区域传统文化逐渐融入新时代中国特色社会主义文化中，有利于创新性地发挥其时代作用和经济价值。这些措施为新时期大学生创新创业提供了良好的发展空间和各种可能性。

（5）区域文化与地方高校教育相融合有利于区域文化的保护和传承

区域文化是中华民族在长期的历史发展过程中在融合中华优秀传统文化的基础上，所形成的具有特定形式的文化精神和文化形态，是树立中华民族文化自信的重要源泉。同时，优秀的区域文化也传承了中华文化的精髓，具有强大的生命力和无穷的魅力。此外，区域文化具有提高人文素质、完善人格教育、塑造正确价值观、培养高尚道德情操和创新精神等教育功能，区域文化传承的实质是对区域文化精神的继承和延续。如果区域文化只停留在对传统的保护和传承上，就有可能失去它的根基，区域文化传承就像无源之水，失去了其内涵。因此，区域文化的传承必须与时代文化和当代教育相结合，并应用于各个领域。高等教育在文化宣传和传统文化保护方面具有很强的优势，高校可以通过结合区域文化来寻找当代文化与传统文化的切入点，增强区域文化自信心，巩固区域文化宣传的阵地，从根本上保护区域文化。

3.2 重庆区域文化中的渝商及渝商精神文化的来源与特征

作为重庆区域文化重要组成部分的渝商精神，在重庆经济社会发展的历史长河中被赋予了极为丰富的历史内涵。

3.2.1 渝商释义及渝商文化精神的形成

渝商精神是对渝商群体在发展过程中所彰显出来的精神状态和品质个性的凝练和总结。

（1）渝商释义

商帮是指以地域为中心，以血缘、宗族、地缘为纽带，在客居地建立同乡或同乡兼同业会馆、公所，自发形成的既紧密而又分散松散的商人群体。[①] 渝商是相对于晋商、浙商、徽商等商帮概念提出来的，重庆作为中国最早的商业重镇之一，造就了中国最早的商人群体之一的渝商。发展至今，应该从更广泛、更深入的角度来看待渝商这个概念。首届渝商会所提出的渝商是比较准确的，渝商与以往的省籍商帮不同，既包括重庆籍在市内和市外（包括国外）创业的所有企业的投资者和经营者，也包括并非重庆籍贯但在重庆创业很久，深受重庆地域文化和渝商精神熏陶，以"新重庆人"面目出现的市外或境外商人。渝商这一概念的提出不仅壮大了渝商队伍的

---

① 王耀成. 筚路蓝缕玉汝于成 [J]. 宁波通讯，2014（14）：12-19.

力量，更体现了重庆人的包容性。

（2）渝商的形成

中国传统社会在政治、经济等正式制度上一直是"重农轻商"，因此，我国商业经济一直处于欠发达状态，起初只是在一些自然条件允许的地方有商业活动，如港口城市和交通便利的集散中心。重庆位于中国西南腹地和长江上游地区，是世界最大的内陆山水城市。重庆沿江依山而建，长江和嘉陵江贯穿整个城市，环抱着主要的城区，一直是长江上游的经济中心城市。抗日战争时期，随着长江中下游企业西迁到重庆，重庆成为中国后方的工业基地和西南地区的商贸集散地。自 1949 年以来，经过 70 年的发展建设，特别是改革开放以来，重庆经济建设和社会事业迅速发展，正是在这样的背景下，形成了一个富有企业家精神的商人群体——渝商。

（3）渝商文化精神形成的背景

重庆古称巴国，重庆人叫巴人。巴人一直生活在大山大川之间，大自然的熏陶、险恶的环境，练就了一种顽强、坚韧和剽悍的性格，因此巴人以勇猛、善战著称。在漫长的历史演进过程中，形成了重庆独具风格的巴渝文化、三峡文化、抗战文化、红岩文化等。巴渝文化则是长江上游地区最富有鲜明个性的民族文化之一，起源于巴文化，它是指巴族和巴国在历史的发展中所形成的地域性文化。忠贞不渝、爱国爱乡的情怀，爬坡上坎、负重自强的精神，耿直豪爽、诚信无欺的品德，大度宽容、兼收并蓄的气度构成了巴渝文化的内涵。① 巴渝文化具有顺应自然、尊重自然（而不是征服自然）、奋斗

---

① 孟君. 巴渝文化初探 [J]. 美术教育研究，2011（2）：19-21.

自强、勇往直前的精神特征。三峡文化则主要是一种充分体现其长江三峡地理特征的区域文化，在民族上具有更大的融合性。① 抗战文化、红岩文化更多地是体现出一种精神，这种精神的内涵就不仅是"爱国、奋斗、团结、奉献"，更包含着一种寻求真理、坚持真理与一种开放的价值取向。这些文化遗迹内涵深刻、各有特色，与重庆的自然环境融会在一起，使重庆具有浓厚的历史人文感和文化氛围。②

正是在这样的历史文化背景下，形成了一批具有创新创业精神的商人，即渝商。在渝商的发展过程中，涌现出了近现代的爱国实业家船王卢作孚、猪鬃大王古耕虞、实业救国胡子昂、邓小平恩师汪云松等一大批具有实业救国思想的渝商代表人物，他们的主营业务遍布天下；改革开放后，也有"力帆"尹明善、"宗申"左宗申、"民生"卢国纪等新时代的渝商精英，还有"重庆天海"鲁广洲、"奇火锅"谢莉、"重庆九鑫"彭相卿、"博恩集团"熊新翔、"瀚华金控"张国祥、"马上消费"赵国庆等新锐渝商。经过一代又一代巴渝儿女的不断努力，重庆与外界的商贸不断融合互补，经过多年的开拓积淀，展现了渝商的精神和风采，并培养和丰富了渝商精神。渝商精神，既是渝商勤劳探索的结晶，更是渝商难得的心智积累，既是渝商们坚定不移的信条，也是他们与外界交流互动、取得信誉的一把金钥匙。因此，可以说渝商精神具有丰富的内容和独特的品格。

---

① 黄燕. 慢慢走感悟生活书写生活 [J]. 科学咨询（教育科研），2011（11）：24-25.
② 陈捷. 论民族精神、巴渝文化与重庆城市精神的培育 [J]. 新西部月刊，2007（7）：21-22.

3.2.2　重庆区域文化背景下渝商精神的内涵分析

本书在考察文化差异对于人的塑造作用时,着重考察了区域文化的"个性"对于"商人"及其"商道"的影响。在近代中国历史上,曾活跃着浙商、粤商、苏商、徽商、鲁商、晋商、秦商、京商等八大商帮,他们之间虽有相似的历史、文化背景,但各大商帮因特有的区域文化而形成了独特的精神内涵,渝商精神也是其中之一。作为一个新兴的商人群体,特别是在直辖之后,渝商的发展规模和速度非比寻常,不少渝商也创建了属于自己的品牌文化,甚至实现了企业的成功上市,更甚至一些成功的渝商还成为《福布斯》《财富》等的上榜人物,成为代表重庆城市的新名片。在强手如云的商帮中异军突起的渝商,魅力究竟在哪里?这就在于自古以来渝商"重信重义、自强不息"的精神品性,以及融入渝商血脉所形成的敢闯敢做、开拓创新、吃苦耐劳、特别能抱团的渝商创新创业精神,这种精神在价值层面与创新创业教育有着很高的契合度。

(1) 自强不息的奋进精神

位于三江交汇处的重庆,西接蜀山,下通川楚,是泊船倾货的好地方以及避风休顿的好场所。这独特的江岛居处,强大的物流、人流贸易与高低崎岖的山路街巷造就出了一代代、一群群肩挑背驮的行走之商。此外,长江、嘉陵江上闯滩拉纤的纤夫,他们也需要和险滩、洪流搏击,朝天门码头上拾级而上的挑夫,他们拼劲十足、胆量惊人、忍辱负重,无一不展现出自强不息的奋进精神。同时,重庆是一座山城,地理环境以山地和丘陵为主,险山险水的先天自然环境使得传统上的渝商不像川西人那样坐在茶馆里就能揽到生意,他们需要和险滩、洪流搏击，因此拼搏精神十足，胆量惊人，有与任何对手一拼高下的勇气，内心深处形成了忍辱负重、自强不息的奋斗精神。奋进，是渝商自我激励、自我振作的强大精神源泉，也成为渝商生生不息的品质精神，流传不失。

另外，重庆作为全国的六大老工业基地之中的一员，曾因结构调整导致部分工人下岗失业，但他们勇敢自救，重新就业，更是发扬了艰苦奋斗、勇于拼搏、不屈不挠、一往无前的精神。这种精神已成为激励他们的强大精神动力，也成为渝商自强不息的奋斗精神，并代代相传。

（2）坚韧不拔的个体英雄精神

渝商精神的总体描述可以表述为奋进不息，如果进一步发掘，还可以发现，在总体精神中，渝商也突出地讲究个体英雄品格。重庆地区的商人大多都是白手起家，他们崛起于社会的最底层，身上洋溢着传统渝商所特有的坚忍不拔、耿直豪放的品质，这为现今的民营经济的发展提供了基础的精神条件。当代重庆民营企业家继承了传统渝商的坚韧不拔、艰苦奋斗、勇于开拓、诚实守信、热爱故土的品质，同时还具有打造企业文化、把企业做强做大的雄心和服务社会的愿望，这为民营经济的发展提供了精神支撑。渝商在个人英雄精神方面的另一个表现是独立自主的不屈不挠精神，就是通常所说的"宁作穷老板，不作富丘二①"，一分钱也要当个老板。渝商具备这种独立不羁的创业精神，不怕吃苦，有创业的勇气，做自己的老板。正是这种独自的精神素质，支撑着渝商在创业过程中独自

---

① 丘二：在重庆、四川方言中指店伙计的意思。

经受风险与辛苦。可以说，从 20 世纪一路创业走来的渝商大都出身贫寒，所以最能吃苦耐劳。

（3）重信重义的契约精神

重信重义是渝商的传统美德，诚信是渝商的为商之道，与其他商帮相比，渝商们性格豪爽耿直、更重诚信、最具契约精神，以诚实铸就自己的商业品格。渝商在外界交往中往往十分豪爽洒脱，这不仅表现在交往中的落落大方、自主充实、充满自信，更在于招待应酬中的不拘小节、挥手大方，豪放之气溢于言表。这些行为特征都与重庆人的耿直性格有关，商场上的重庆人往往都是重信用、讲义气的，这是渝商最宝贵的品质之一。在外地，一提起重庆商人就会让人想到"耿直"二字，吃苦耐劳更是出了名的。渝商们重义气，一事当前，他们不只看重付出了多少，而是从长远的角度重视收入，但这种义气并不是以破坏规则为代价的，这里面既有哥们之间互相帮助、互相提携、重义轻利的因素，也有对现代商业规则和契约精神的认同。比如龙湖、金科、华宇等渝派地产品牌开发商对房子品质和细节的近乎完美化的追求，对物业服务的精益求精，其实就是这种文化的反映。不是把房地产作为一锤子买卖、把钱搞到口袋里了事，而是把客户当作一生的朋友。重信重义的精神气质，支持着渝商们拓展更广阔的事业、获取更高的利润、取得更大的商业成绩。

（4）勇于担当的崇高社会责任感

回顾渝商兴起的历史，在抗战时期，沿海地区 200 多家工厂迁入重庆，重庆的经济总量和结构分配均达到了一个时期的顶峰，从而建立起了一个以重庆为中心的西部工业区，确定了重庆商贸中心的地位，提升了重庆作为金融中心的地位，稳定了西部交通中心的地位，这些成就都离不开当时渝商们的贡献和付出。正是这样一个独立而完整，又能支撑抗战、维持生活的工业体系，从经济上支撑了重庆的抗战大业，也实现了中国经济的重新布局，加速了重庆的城市化进程和现代化进程。

老一代渝商是一个杰出的优秀团队，代表人物有卢作孚、汪云松、古耕虞、刘子如、饶国模等。在民族危难之际，渝商们勇于担当社会责任，有钱出钱，有力出力，甚至献出了生命，沙坪坝烈士墓就埋有十多位重庆工商界人士。当代渝商也传承了这一优良传统，表现出巨大的社会责任感，重庆的民营企业家们在发展自身的同时，也主动回报社会，积极参与慈善事业。2006年川渝大旱，重庆民营企业共捐赠2 000多万元，"5·12"汶川大地震川渝商人共计捐款超过2 000万元……正如时任重庆市记协主席的周勇所言："在中国的商人群体里面，渝商并不是以能挣钱、会打拼而领衔，但是要讲担当，渝商独占鳌头。"当国家遇到重大灾难时，重庆企业家都积极主动地承担社会责任，体现了渝商勇于担当的社会责任感。

（5）勇于创新的开拓精神

重庆商人历来善于学习，直辖以来改变了以前的较为封闭的管理方式，在渝商们与外界的接触逐渐增加的同时不断引进外面的先进技术和优秀人才。同时，渝商们具有冒险敢闯的精神，企业经营的思维方式也在走向全国、走向世界。新一代渝商，比如"武陵山珍"的毕麦、"谭木匠"的谭传华、"小天鹅"的何永智、"渝绣坊"的江舸等，都深刻意识到创新的重要性，立足于本区域内的文化创新，发掘文化蕴藏的产业财富，创建出了许多以传统文化为基础的商业品牌。重庆如今的许多品牌都是将对传统文化的创新挖掘与对时尚文化的打造相融合而铸造出来的。例如在餐饮行业，从 20 世纪 80 年代开始，重庆商人以火锅文化作为契机并深入打造，引领了西南地区乃至全国范围内不可抵挡的饮食商业潮流。此后渝商们又再次创新，从文化精神的角度去理解和打造商业品牌，最终实现了系统化、规范化。再后来，重庆火锅天下宴博物馆集团更是勇于创新，三十六位重庆女企业家抱团创业，以资本运作与实体经营等模式提升了重庆火锅的知名度与影响力。这种转变思路、抱团发展的模式，是渝商开拓进取、创新精神的展现。同时，这种创新发展模式的成功运作也为其他行业的发展提供了借鉴和学习的榜样。

3.3　渝商精神与重庆高校创新创业教育

开展高校创新创业教育，培养具有创新精神与能力及创业能力的高素质人才，是深化我国教育体制改革的必然选择，也是我国高等教育的重要组成部分。国务院办公厅 2015 年 5 月发布了《关于深化高等学校创新创业教育改革的实施意见》，全面部署了高等学校创新创业教育改革。同年 9 月，重庆市人民政府办公厅下发的《关于深化高等学校创新创业教育改革的通知》提出："到 2020 年，以高校众创空间为标志，学生的创新精神、创业意识和创新创业能力明显增强，投身于创新创业实践的学生显著增加，具有重庆特色的高校创新创业教育体系基本形成。"实际上，2014 年重庆市应届毕业生创业人数为 4 238 人，毕业生创业率为 2.3%；全市共有 34 所高校开设了创新创业课程，占全市高校总数的 54%。可见，重庆高校创新创业教育已初具规模，并取得了显著成效。然而，如何从更深层次推动重庆全市高校创新创业教育的发展已成为制约该领域发展的瓶颈。

渝商文化和渝商精神中所蕴含的创新创业文化因素已成为重庆创新驱动发展的宝贵资源和巨大优势。以渝商精神为引领，培养大学生的创新创业精神，可以改变大学生的心智结构、创造出大学生所期望的价值、提升高校创新创业教育的质量，是高校创新创业教育的重要目的所在。创新创业精神的培养和追求是实现人生价值的最好诠释。重庆高校的创新创业教育应该从分析渝商精神和渝商文化入手，结合重庆地方区域特色，探索如何塑造重庆高校学生的创新创业精神，以提高重庆高校的创新创业能力，从更好的层面上提升高校创新创业教育的质量。

3.3.1　培养创新创业精神是高校创新创业教育的重要目的

创新教育和创业教育是创新创业教育的两个基本方面。创新教育的目标是培养学生的创新意识和精神以及创新思维和能力，使之成为创新型人才。相比一般教育，创新教育是一种以创新为先导的教学模式的全方位改变，是一种全新的教育模式，是教学内容、方法、思想、评价及教育体制的创造性革命。而创业教育则是培养具有开拓性人格的人才，使其具备创业精神及意识等综合素质，并具有成为企业家的能力。由此可见，创新教育与创业教育是相辅相成的，二者在创新创业精神培养方面具有较高的契合度。高校通过创新创业教育这种新的教育模式，能够培养和发展学生的创新创业素质和能力，更能激发学生的创新创业精神，让更多的学生从求职者变成创业者。

据有关统计分析，无论是在国内还是在国外，大学生的创业成功率都不到5%[①]，是不是开展创新创业教育的意义就不大了？众所周知，教育就是培养人的活动，教育的核心是教育人，因此，创新创业教育的根本目的不是创造企业，而是培养和激发学生的创新创业精神，使其形成创新创业的意识和思维，提高其创新创业的技能和能力。

实际上，对于绝大多数学生来说，创新创业教育的重点并非教育本身，更不仅是解决就业、创业等问题，真正的重点在于提高学生的综合素质及能力，主要包括创新创业精神、社会交往能力、专业迁移能力、合作能力、协调能力等，培养高素质的创新型人才，促进就业能力提升，最终实现就业或创业。而在学生的综合能力素质中处于核心地位的是创新创业精神。创新创业精神是指在创业过程中所需要的探索、创新、克服困难、自律、持之以恒的精神。因此，创新创业教育的根本在于培养创新精神和创业能力，使学生具有强烈的创新创业精神。[②] 创新创业教育不仅是传授创新创业知识，使其具有创新创业能力，更核心的是培养学生的创新创业精神，使其能以创新者、创业者、企业家的思维去思考问题、解决问题。创新创业精神是创新创业教育培养目标的根本追求和理性追求。创新创业精神作为一种积极的思想状态和精神状态，应该是创新创业教

---

① 牛金成，陆静. 以创业精神培育为主导的创业教育路径探析 [J]. 广州职业教育论坛，2013，12（1）：41-44.

② 孔好为，冉迪金，刘加杰. 试论科学发展观视角下大学生创业素质的培养 [J]. 学理论，2010（22）：226-227.

育的核心，创新创业教育应以培育创新创业精神为主导。提高高校创新创业教育的质量，必须以培养创新创业精神为出发点和归宿。

3.3.2 渝商精神对重庆地方高校创新创业教育的影响

新时代大学生既是传统文化的继承者和推动者，又是新时代中华文化的建设者和开拓者。渝商精神在创新思想、创业精神、创业理念、创业实践等方面都有着大量的理论源泉，渝商精神和渝商文化进入大学校园，会影响学生的学习观、人生观、择业观、学习态度和处事方式等。渝商精神可以重塑重庆地方高校的教育理念，尤其是创新创业教育。创新创业教育的目标是培养具有创业精神、创业意识和创业能力的创新型人才。在当前"大众创业，万众创新"的背景下，渝商的创新创业经验为新时代大学生的创新创业教育提供了大量的实战经验和教育理念。渝商们对于现代市场竞争的天然敏感性，对于现代中国的政治、经济、社会、生态的适应性、灵活性以及渝商自身的创新创业精神，对重庆地方高校的创新创业教育具有现实指导意义，更容易引起学生的认同和共鸣。更不用说重庆正处在创新创业氛围浓厚的时期，这将更容易激发学生的积极性。通过以上分析，渝商精神和渝商文化可以在重庆高校创新创业教育中发挥重要作用。

（1）渝商精神是重庆地方高校开展创新教育的新视角

渝商精神为重庆地方高校开展创新教育提供了新的视角，促使高校更新其人才培养理念。目前，我国高校创新创业教育主要是以课堂教学的形式进行，普遍缺乏实践教学环节。然而，创新创业教育的关键是使学生能够进行独立的实践训练，强调动手能力。创新人才是通过实践来培养的，而不是单纯地通过课堂教授就可以实现的。渝商精神和渝商文化作为一种创新创业文化，强调在实干中学习，倡导"做中学"，倡导实践学习与实践相结合的实践观。可见，渝商精神和渝商文化有助于优化创新创业教育模式，提高创新创业教育的水平。

（2）渝商精神融入创新创业教育是打造地方特色教育的现实需要

近年来，全国地域性商人群体日益壮大，带有特殊内涵的经济和人文词汇——"商帮"，再一次风靡全国。但就其在全国的知名度而言，渝商并不算高，这就说明当前研究领域对渝商的历史及其文化资源的发掘并不充分，宣传力度不够，研究亦不够深入。因此，当务之急是在保护历史文化遗产的同时，通过深入的探索、研究，总结出渝商的发展轨迹，掌握渝商成功的规律，了解渝商"行人之所不能，做人之所未做"的创业胆识，凝练出符合时代要求的渝商精神和渝商文化，并把研究成果应用到本地高校的创新创业素质教育中去，以全新的视角，加快实施创新驱动发展战略，推进高等教育综合改革，探索培养具有"天下渝商，敢为人先"的新渝商企业家精神的创新创业人才之路，形成独具特色的高等教育人才培养新模式。

（3）渝商精神推动重庆地方高校形成创新创业教育的大氛围

渝商的蓬勃发展孕育了渝商精神，健康繁荣的渝商精神反过来促进了渝商创新创业的深入发展。渝商精神和渝商文化是重庆市创新创业的宝贵财富和重要依托。高校作为精神文化交流的重要阵地，培育创新创业文化，促进创新型人才的成长，是高校在新时代的使命。渝商精神所倡导的创新创业精神与高校创新创业教育的人才培养目标相一致。重庆地方高校大力宣传和倡导渝商精神和渝商文化，有利于形成良好的创新创业教育氛围。教育部在《关于做好 2015 年全国普通高等学校毕业生就业创业工作的通知》中明确指出："各地各高校要把创新创业教育作为推进高等教育综合改革的重要抓手，将创新创业教育贯穿人才培养全过程，面向全体大学生开发开设创新创业教育专门课程。"然而，事实上，有相当数量的高校还没有真正形成良性互动的创新创业教育氛围，甚至创新创业教育在很大程度上依然是部分精英学生的专利。在现实中，高校更加注重大学生创新创业竞赛的成绩，还没有树立"人人都能创新创业"的理念。渝商精神所倡导的奋斗、责任、务实、创新、共享、团结的理念，将有利于推动重庆地方高校创新创业教育改革，促进地方高校创新创业教育大氛围的形成。

（4）渝商精神促进重庆地方高校创新创业教育增强实效性

我国高校的创新创业教育虽然取得了一些成绩，但是毕竟起步较晚，发展还不成熟，还缺乏一套较为完整、系统的课程体系。在很大程度上，它主要依靠建立"就业指导""职业规划"等综合性公共选修课。虽然一些高校有毕业生创业指导咨询机构，但是这方面的教师却十分稀缺。毕业生创业指导咨询机构的工作仅限于鼓励青年大学生创业，但为在创新创业中遇到的困难的大学生提供实质性的帮助还非常有限。渝商精神和渝商文化为重庆的创新创业奠定了基础，渝商精神以其本土化、区域化的特点和倡导的经营理念，促使重庆地方高校的创新创业教育针对大学生的区域化特点，深化改革，提高实效。

3.3.3 渝商精神对重庆高校学生创新创业教育的
重要意义

以渝商精神和渝商文化教育新时代的大学生艰苦创业、坚韧不拔，对于构建新时代重庆地方高校的创新创业精神尤为重要。

（1）渝商精神可以培育大学生开拓创新创业的理念

培养大学生自主创新的创业意识是大学生创新创业教育的具体体现，创业的核心理念是创新，让一个人的潜能被无限挖掘。创业者在吸取成功企业家的实践经验的精华的基础上，通过长期收集数据、积累知识、调查研究、发现问题、成功抓住商机等途径，在创业活动中进行创新。这与渝商们敢于创新的精神品质一脉相承，这种精神贯穿于各项制度、渗透到市场创新、技术创新和产品创新等各个方面，然后再经过反复推敲、深思熟虑、长期酝酿，逐步形成一种新的思想、新的观念、新的构思，使创新思维结出丰硕的创业成果，渝商精神中正蕴含着这些企业家必备的品质。以渝商精神为创新创业教育读本，可以更好地培养新时期大学生的创新创业精神，激发他们的创业梦想，使他们具有创业意识和创新精神，鼓励他们实现创业理想。同时，渝商精神内涵丰富多样，具有很强的针对性，能给大学生带来很多的收获。体现渝商精神的经典案例可以给大学生的创业过程分享创业经验，从而帮助大学生在创业过程中少走弯路，为未来社会中的自我创业和职业发展打下良好的基础。

渝商最大的特点之一就是特别敢于、善于创新，从不迷信过去的经验。渝商敢于创新的精神品质渗透到了市场、技术以及产品创新等各个方面，是一脉相承的。著名渝商尹明善先生认为重庆摩托在中国乃至全世界都有那么高的地位就是敢于创新。中华全国工商业联合会曾统计了 50 多万家民营企业的专利申请，排名第一、第三、第八的均为重庆民营摩托车企业，具体排名为力帆第一、宗申第三、隆鑫第八，这表明重庆企业在技术创新上不懈追求。[①] 商业领域的创新是通过长期收集信息、积累知识、发现问题，在此基础上经过深思熟虑和反复思考，逐步形成新思路、新方法、新手段，并成功抓住商机，在创业活动中实现创新并结出硕果，这是一个从旧到新的质的飞跃的过程。创新才是创业的核心理念，大学生创新创业教育的具体表现就是要培养大学生自主创新的创业意识，使学生们的创新潜得到无限挖掘。

在创新创业教育的实施过程中，重庆高校要结合实际，将渝商精神有机融入高校的创新创业教育当中，逐步培养学生形成渝商的创新、创业、团结、互助及责任意识，弘扬渝商"脚踏实地、合作共赢"的良好品格[②]，为新时代的大学生奠定良好的创新创业的精神基础。在具体的课堂教育教学过程中，要将渝商的优良品质与经营理念融入其中，持续发掘渝商精神中的创新创业精神并以此影响学生，不断融合渝商精神中的开放、创新、诚信、守德的精神理念，春风化雨般地陶冶和塑造学生的精神品质，激发学生的创新创业意识，从而更加接地气地对大学生的创新创业理念进行发展。

（2）渝商精神能够提升大学生创新创业的综合素养

渝商精神具有开放性、包容性、团结协作、回馈社会、诚实友爱、勤劳等突出品质，这些无疑都是新时代大学生应当具备的基本

---

① 张程. 尹明善话渝商 [J]. 新财经，2008（11）：24-25.
② 同①

素质。因此，将渝商精神和渝商文化引入校园课堂，可以使学生在学习过程中，通过了解渝商精神的文化价值观，不断完善自身的人格特征，做到诚信友善、热情乐观、积极向上、善于合作、愿意思考、勤奋学习。同时，通过引导，可以使学生学会学习、学会与他人沟通、学会与他人合作、学会与社会及他人和谐相处，最终不断提高自己的综合能力和素质。

（3）渝商精神的融入有助于健全高校创新创业课程体系

创新创业教育体系是以创新为中心，以培养学生的创新意识、创新能力和创业技能为目标的综合素质教育。高校素质教育与创新创业教育息息相关，高校应通过深化教学改革，构建创新创业教育体系，开拓特色创新创业教育，探索创新创业教育的组织模式和运行机制，挖掘创新创业教育的科学素材，优化教育资源配置，提高学生的创新精神、创业意识和创业能力。[①] 在高校创新创业课程中应设置渝商创业史课程，跨越历史的河流，让新时代的大学生了解渝商创业的动机、创业的艰辛和成功创业背后的种种故事，使其能对渝商精神的理论渊源和科学内涵做出正确解读，以逐步改变大学生寻求稳定、甘于平淡的片面认识，集聚创业热情，激发创新动力。

（4）渝商精神为打造创新创业教育提供文化支撑

渝商精神历来强调独立自主、艰苦创业的精神品质，精益求精、敬业奉献的责任意识，协同共生、互帮互助的人文理念，因此非常适合应用于重庆地方高校的创新创业教育教学活动。重庆高校可以将渝商精神纳入教育教学理念当中，在生活、学习与实践中将渝商

---

① 方瑞. 徽商精神传承与高校创新创业文化生态构建［J］. 河南高等专科学院学报，2016（6）：62-65.

精神的文化品质、责任意识与人文理念融入其中，用以培养学生良好的心理观念，帮助学生树立积极正面的创业精神。在校园文化建设及相关的教学活动中加以强化及渗透，在校园中营造弘扬渝商精神、尊重与认同的创新创业的环境氛围。

（5）渝商精神助推重庆地域优秀传统文化的弘扬

渝商的商业哲学深受儒家文化和中国抗日战争史的影响，作为巴渝地方优秀文化资源的重要组成部分的渝商文化是重庆地区最显著的地域特色文化，重庆高校要发挥这一重要的文化优势，以渝商精神为引领，开展新时代重庆大学生创新创业教育，使地方高校的创新创业教育具有鲜明特色并自成体系，优化对大学生创新创业能力的培养。继承和弘扬优秀的中国传统文化，既是渝商在创新创业教育过程中探索创业精神的内在要求，也是适应社会主义市场经济内部发展机制的现实需要。探索渝商精神的文化价值和精神内涵，将渝商文化、渝商的经营理念和经商哲学融入对大学生创新创业能力的培养，融入创新创业教育全过程，也是培养新型创新创业人才的重要途径。

3.3.4 渝商精神对培育重庆高校学生创新创业精神的启示

通过前文的理论推演和相关实践证明，渝商的创新创业精神是最适合与重庆地方高校的创新创业教育相结合的。在创新创业氛围十分浓厚的山城重庆，具有创新创业精神的成功渝商为重庆高校大学生的创新创业教育提供了许多新的范例和先进的教育理念。渝商对现代市场竞争高度敏感，对当代中国政治、经济、社会生态具有灵活性和适应性，具有创新创业精神，容易与学生产生感染和共鸣，对创新创业具有较强的现实指导意义。

首先，渝商精神对实现创新创业教育价值的启示。创新创业教育与普通教育的最大区别，就是创新创业教育直接定位于指导和帮助创业者实现自我价值最大化的最终目标。创新创业教育首先应当是关于教育的意识、精神和心灵的教育。因此，其首要任务就是要唤醒潜在创业者的创新创业意识，让他们在不断觉醒的自我意识中积极主动且自觉、自发地去认知和体验，以充分发挥个人在探索和实践中的创造性作用。对重庆高校的创新创业教育来说，渝商精神就是最重要、最优质的创新创业文化环境，而众多的渝商成功创业的经历也是对大学生创业的一种鼓励，促进大学生以实现自我价值为取向，推动重庆高校开展创新创业教育。

其次，渝商精神对创新创业教育内容的启示。目前，中国经济增长的可持续健康发展在很大程度上取决于经济增长方式向"创新驱动"的转变，这就需要大量的"知识型创业者"和"知识型创业"。重庆地方高校结合渝商精神，开展创新创业教育，就是要着力培养大学生敢于冒险的创新创业精神、积极创新的理念、吃苦耐劳的精神、团结合作的能力、坚韧不拔的品质，使其逐步形成一种新的思想、观念和构思，使学生的潜能得到无限挖掘，使创新思维产生丰硕的创新创业成果，最终使其成为真正的创业者。

再次，渝商精神对创新创业教育模式的启示。探索和继承渝商的创新创业精神，积极发挥中华优秀传统文化的教育作用，以渝商创业精神为指导，构建具有鲜明地域特色的大学生创新创业教育模式，利用众多渝商成功的创业经验，激发大学生的创新创业激情，引导大学生开展创新创业，以适应社会发展的需要和新时代发展的要求。渝商的创新创业精神对新时代大学生的成长和成才具有重要的现实价值。

最后，渝商精神对提升创新创业教育效果的启示。过去许多高校在教育教学中更重视职业技能教育，对创新创业教育并不重视，但以培养学生的专业技能为主的职业教育，是一种满足就业的教育而非创新创业教育。新时代大学生的创新创业教育，在强调大学生的专业教育及职业教育的同时，更强调对大学生的创新精神和创业意识的激发和培养，而创新精神和创业意识才是创新创业人才最为基本的素质。融合渝商精神的高校创新创业教育在教学中以渝商精神引领重庆地方高校创新创业教育的方式开展，通过渝商精神和渝商文化理念的影响，使创新创业教育始终走向正确的方向，培养大学生的职业道德，使其树立起正确的创新创业意识，提升其创新创业能力。

3.3.5　渝商精神引领培育重庆高校学生创新创业精神的目标

创新创业精神不是少数人所拥有的精神品质，也不是一种脱离实践的形而上学的理论，而是能够转化为全社会都可以接受的思想与动力，并进而演进为整个区域文化、与实践紧密相连的精神文化，它与时代精神相吻合，与地域经济发展的需要相适应。重庆地区具有浓厚的商业文化底蕴和浓厚的商业精神。重庆地处三江并流之地，历史上以河运为主要运输方式，拥有强大的资源吞吐能力，已成为长江上游不可替代的重工业制造基地和物资聚散、资金流转中心。

区位优势造就了渝商，促进一代又一代的重庆儿女努力奋进，无数重庆商贾与外来商人的开拓积累，培养和丰富了渝商精神。渝商能够在激烈的竞争中蓬勃发展，就在于其一直以来"重信重义、自强不息"的精神品性以及这种文化融入渝商血脉所形成的锐意进取、开拓创新、吃苦耐劳、抱团发展的渝商精神，这种精神与创新创业教育在价值层面具有很强的契合性。渝商的创新创业精神给新时代大学生的创新创业教育提供了许多的鲜活案例和先进的教育理念。

（1）树立新时代大学生更加健全的创新创业意识

目前，对创新创业教育的误解还较为普遍，一些人把鼓动大学生做生意、经商创业与创新创业混为一谈，而本书所阐述的高校创新创业教育是使学生掌握一定的创新知识、创业技能，更重要的是使学生具备创新精神，提升综合素质，以便其在未来职业道路的选择中，即使不直接创业，也能具备一定的创新创业基础。重庆高校在教学过程中引入渝商精神，可以使学生直接深刻地了解渝商创新创业的故事，体会创新创业所需的能力素质以及创新创业背后的精神文化支撑，使大学生形成更加健全的创新创业观，加深其对创新创业的认识，打牢思想基础。

（2）提升新时代大学生创新创业能力

渝商群体坚持儒家道德观，具有较高的文化素养，富有自强不息和创新的精神。在中国近现代的发展中，渝商表现出非常鲜明的勇于冒险、勇于奋斗、勇于尝试、艰苦奋斗、坚持不懈、诚信经营、真诚合作、勤俭节约等诸多特点。根植于中华优秀传统文化之中的渝商精神，在我国商业发展史上具有重要作用，对新时代大学生的创新创业教育具有现实的参考价值和指导意义。渝商精神主要表现为开拓进取的奋进精神、敢为人先的创新精神、艰苦奋斗的吃苦精神、脚踏实地的实干精神、合作共赢的团队精神以及热心公益的奉献精神。重庆高校开展创新创业教育必须把渝商产生的历史背景与当前的经济发展环境相结合，用渝商的成功经验引领大学生创新能力的塑造和创业经营理念的培养，全面推进大学生创新创业教育的战略发展，更应比较研究渝商精神与当今大学生创新创业的实际能力，为开拓创新创业教育新途径提供理论依据。因此，将渝商精神所包含的各种能力素养引入课堂教学，可以更加全面地促进学生创新创业能力的发展，不断完善学生的创新创业能力结构，并通过安排学生在企业实习实训，加强学生对风险认识能力、咨询决策能力、行动执行能力、企业经营管理能力等创新创业所必备的素质能力的认识，还可以提升学生自身的学习能力、表达能力、沟通能力、思维能力、写作能力、合作能力、发展能力、创造能力、反思能力等综合素质能力。[①]

（3）培养新时代大学生对市场的敏锐嗅觉

对于新时代的大学生来说，凭借敏锐的市场嗅觉来挖掘可供创新创业的点子，是必须具备的要素。相较于其他年龄段的人，新时代的大学生作为年轻人更善于产生新思想、更善于接受新事物的出现，能够正确顺应时代浪潮，使其在面临多变复杂的市场时的嗅觉变得更敏锐，能够嗅到复杂市场中的商机。在"互联网+"、人工智能的冲击下，新经济环境带来了海量的创新创业机会，只有能够敏锐地发现商机，才能紧跟社会快速发展的步伐。因此，通过对渝商

[①] 方瑞. 徽商精神传承与高校创新创业文化生态构建［J］. 河南牧业经济学院学报，2016（6）：62-65.

众多成功经验的挖掘，更有利于培养新时代大学生对市场的敏锐嗅觉，对于其毕业后进行创新创业活动意义重大。

（4）培养新时代大学生的良好品质

在重庆高校的创新创业教育中，有效整合渝商文化可以更好地培养学生的道德规范和商业道德，使学生更好地了解和把握市场规律，并实践于创新创业活动中。这样，有利于实现学生自身的更好发展，还有利于其形成积极推动社会发展、承担社会责任的良好素质，增强历史荣誉感和社会使命感，使其在将来的创新创业活动中始终坚持进步与发展、牢记使命，为经济发展和国家进步做出应有的贡献。①

（5）培育新时代大学生吃苦耐劳的精神

由于重庆地处三江交汇之处，独特的地理位置，形成了渝商自强不息的奋斗精神，鼓舞着渝商拼搏奋进，形成了渝商不怕失败、跌倒了再振兴奋起的敬业品质，成就了渝商辉煌的商业成就。渝商的成功有赖于吃苦耐劳、不断奋进的精神，他们不怕苦、不怕累，不断进取，激发潜力，勇于奋进求生存、求发展。对一个创业者来说具备吃苦耐劳的精神是十分重要的，在创新创业的过程中势必会遇到诸多困难和阻碍，只有坦然应对才会成功。② 吃苦耐劳也是一种能力，培育大学生吃苦耐劳的精神是开展创新创业教育的基本任务之一。然而当代大学生中独生子女占比较高，富足的生活和无忧无虑的日子让当代大学生普遍缺乏吃苦耐劳的精神，但要想得到社会

---

① 王胜华，谢莎莎. 运用赣商文化培育高职学生创新创业素养的研究［J］. 现代农业研究，2018，35（11）：77-78.
② 张智慧. 渝商精神的科学分析［J］. 中国科技纵横，2011（16）：91.

的认可，就必须用吃苦耐劳的精神武装自己，让自己以良好的思想道德和敬业精神走入社会。因此培养大学生的其他能力、进行创新创业教育的一项先行工程，就是培养新时代大学生的吃苦耐劳精神。

（6）培养新时代大学生敢于冒险的意识

渝商锐意进取，具有敢闯敢试、勇于冒险的精神。到目前为止，渝商群体已经发展到一定的规模，他们不断尝试国内外的新事物，想方设法创新突破。但是创业的道路并不平坦，存在着各种风险和不确定性，需要有极强的冒险精神。这就要求创业者拥有足够的能力驾驭风险，面对风险时，创业者要正确评估风险的各类因素，能游刃有余地应对各种不确定因素，采取有力措施，尽一切可能让事物朝着有利的方向发展。因此，对大学生而言，所谓的冒险精神，是一种积极进取的强烈动机，要学会科学确定目标、全面部署战略、结合目标指导具体行动。培养大学生敢于冒险的创新创业精神是大学生创新创业教育所需要培养的一种独特的品质。

（7）培养新时代大学生坚韧不拔的性格

每一个创新创业活动都是一个坚韧不拔、不懈努力、勇往直前的过程。纵观任何一个成功的创新创业案例，都是在创业者的带领下，经历过无数次的失败后才取得成功的。渝商的发展过程也不例外，比如新渝商中的代表人物"力帆集团"的尹明善、"瀚华金控"的张国祥、"猪八戒网"的朱明跃、"马上消费金融"的赵国庆等，他们都是凭借坚韧不拔的意志，走出了一条具有自身特色的创业发展道路。无论成功与否，面对创新创业道路上的各种坎坷，创新创业者都应以坚韧不拔的品格从容面对，并从失败中吸取教训。同时，在面对成功的时候，如何始终保持清醒的头脑，继续坚定不移地开创事业新局面，这是创新创业者实现理想目标的关键点之一。大学生更多地是凭借一腔热血和激情开展创新创业，但面对严峻的社会现实，缺乏应对复杂的人际关系的心理准备和技巧，这就要求大学生形成和强化坚韧不拔的心理品质。

渝商群体之所以能历沧桑而不灭，并且在新时代日益壮大，一个关键的原因就是持续创新。而能够持续创新的一个很重要的原因，就是渝商们具有坚韧不拔的品质，激励着一代又一代的重庆青年才俊们坚定不移地去实现自己的创业梦想。作为渝商们的精神食粮，持续创新和勇于拼搏冒险的精神是相互依存的，在持续创新的道路上，绝不故步自封，而是以勇于拼搏的精神扫清创新路上的阻碍，不断开拓创新。处于年轻、具有活力、具有创新能力时期的新时代大学生，看待事物时不容易受到思维定式的制约，会产生不一样的观点和看法，同时接受新鲜事物的能力较强，具有较强的开拓精神，这就需要对他们进行合理的引导和培养。渝商文化中具有丰富的创新案例和厚重的创业历史，这都是很好的教学素材，让大学生深入学习其精髓，有利于提高他们的创新创业素养，为未来创新创业做好准备。

（8）培养新时代大学生团结合作的能力

渝商个体的商业理想和抱负十分突出，追求高层面的商业协作，即你帮我助。因为知道从商之艰、经商之难，因此，渝商们把业内互助、生活相帮的人性化关怀更多地融入了商业活动的相互协作、共同发展之中。因此，渝商们的合作是共同追求和利益共享的合作，是相互扶持和共同建设的合作。广泛而深入的协作精神是渝商特有的精神品格，正是由于这种率真的品性和广泛的协作精神，从而形成了渝商文化中的坦诚、忠厚与耿直，可以说，特别能抱团发展是新时代渝商的一大特征。团结合作和齐心协力是创业成功的第一要素，创新创业团队离不开相互合作、相互支持、相互鼓励、相互包容的精神。一个企业的成功归结于有一支团结合作的团队和团队成员之间的合作意识，培育大学生的团队合作意识是提升大学生创新创业综合素质的必然要求。

综上所述，创新创业精神是培养大学生创新创业素质的精神支撑，精神品质的培育是创新创业素质的重要部分，只有具备良好的创新创业精神，才能保证创新创业实践过程的顺利进行。在渝商精神的引领下，重庆地方高校坚持以培养创新创业精神为主导，科学合理地把握创新创业教育的根本目的与教育理念，避免了高校创新创业教育的异化，只有这样创新创业教育才能落地生根，创新创业教育才能回归理性本真。要建设好重庆地方高校的创新创业教育，教育者就必须深入研究渝商创新创业精神，认真分析渝商中成功的创业案例，体会其中蕴含着的丰富的渝商文化，通过向大学生解读渝商形象的代表人物，让学生知晓渝商的发展壮大历程，从而塑造大学生的创新创业思维，个性化地培养新时代大学生的创新创业精神，为他们将来的创业道路铺垫相应的知识基础，因此渝商精神对重庆地方高校创新创业教育具有极为重要的启示和指导意义。

4 重庆地区高校创新创业教育的问卷调查情况和典型举措

为了充分了解重庆地区高校创新创业教育开展的现状和存在的问题，在2016年5月—6月对重庆市内22所高校的学生和教师的创新创业意识及学校的创新创业教育现状进行了问卷调查，其中包括重庆大学、重庆交通大学、重庆邮电大学、重庆工商大学、重庆理工大学、重庆第二师范学院、重庆工商大学融智学院在内的本科院校15所、高职高专院校7所。这22所高校中，公办18所、民办4所。本次问卷调查共发放问卷3 500份，收回有效问卷2 607份（学生2 215份，教师392份），回收率为74.49%。

4.1 关于创新创业教育的问卷调查

此次问卷调查针对在校大学生和高校教师分别设计了相应的调查内容，主要涉及高校创新创业教育中的创新创业意识和创新创业教育的开展情况这两大版块。

4.1.1 关于创新创业意识的调查结果

（1）有关学生调查问卷的结果汇总统计

该部分关于在校大学生的调查问卷主要是回答"对创新创业是否感兴趣""对创新创业概念的理解是什么""是否有创新创业的打算""创新创业的想法从哪里来""毕业后是直接找工作还是自主创业""创新创业要求大学生具备哪些素质""大学生在创新创业过程中最大的障碍是什么""在创新创业之前，您最先做哪项准备""自己有无必要接受创新创业教育""最希望当地政府在改善大学生创新创业环境方面做出哪些努力"共计10个问题，具体的调查结果汇总如表4-1至表4-10所示。

表 4-1　对创新创业是否感兴趣

选项	很有兴趣	比较有兴趣	一般	不是太感兴趣	没兴趣
百分比	35.14%	30.58%	11.27%	13.09%	9.92%

表 4-2　对创新创业概念的理解是什么

选项	开办一个企业（公司）	开发一项创新项目	做一件有挑战性的事情	其他
百分比	30.12%	42.56%	27.32%	0

表 4-3　是否有创新创业的打算

选项	曾经考虑过	从来没考虑过	正在考虑	正在创业	已尝试过创业
百分比	24.13%	41.42%	20.18%	7.39%	6.88%

表 4-4 创新创业的想法从哪里来

选项	成功人士的影响	学校相关创业政策的吸引	家庭的影响	自己想去尝试	其他
百分比	28.98%	25.44%	40.88%	4.7%	0

表 4-5 毕业后是直接找工作还是自主创业

选项	继续深造	找工作	自主创业	暂无考虑	其他
百分比	20.59%	61.22%	5.67%	6.45%	6.07%

表 4-6 创新创业要求大学生具备哪些素质（选两项）

选项	对机会的把握能力	良好的沟通及表达能力	强烈的挑战精神	高水平管理及领导艺术	良好的社会关系	较高的抗风险能力	扎实的专业知识
百分比	42.79%	39.12%	51.13%	67.88%	45.76%	38.29%	64.28%

表 4-7 大学生在创新创业过程中最大的障碍是什么

选项	资金不足	没有好的创业项目	社会关系缺乏	时间不能保障	没有经验	其他
百分比	47.25%	25.17%	5.74%	4.62%	17.22%	0

表 4-8 在创新创业之前，您最先做哪项准备

选项	进行创业培训	自学创业方面知识	到企业实习	向企业家或者创业咨询机构咨询	其他
百分比	42.37%	28.08%	15.37%	14.18%	0

表 4-9 自己有无必要接受创新创业教育

选项	有必要	没有必要	无所谓
百分比	73.88%	18.29%	7.83%

表 4-10 最希望当地政府在改善大学生
创新创业环境方面做出哪些努力（最多选三项）

选项	放宽 贷款政策	拓宽融资 渠道	税收 优惠	放宽新企业 的审批及简化 审批的程序	舆论 支持	督促各大高校 开设创新创业 教育课程	其他
百分比	67.89%	27.24%	54.77%	39.45%	44.51%	59.58%	11.75%

从表 4-1 到表 4-10 可以看出，当前重庆高校大部分学生对创新创业比较感兴趣，个别学生在家庭、相关创业政策的引导下，有了创业打算或已经开始创业，对创新创业教育的需求也是十分旺盛的，但大多数毕业生毕业后受资金、项目以及自身经验的影响，并不愿意投身于创新创业中，还是选择就业。这也从侧面反映出高校创新创业教育在大学生中的影响度并不算太高，即使他们有意愿创新创业，但是大多数学生并不知道如何入手，要做哪些准备。另外，在大学生创新创业环境方面也需要做相应的改善才能激发学生们的创业热情和创新意识，如放款贷款政策、税收优惠、扶持各大高校开设创新创业教育课程等。

（2）有关教师调查问卷的结果汇总统计

该部分关于高校教师的调查问卷主要是回答"对大学生创新创业教育的理解""在高校中有无必要普及创新创业教育""如何看待大学生创新创业""从事创新创业教育的教师首先应具备的条件是什么""创新创业教育的主要目的是什么"共计 5 个问题，具体的调查结果汇总如表 4-11 至表 4-15 所示：

表 4-11 对大学生创新创业教育的理解

选项	对大学生创新创业精神的培育（包括进取心、团队协作意识、自信心、沟通能力、风险承受能力等）	对大学生创新创业技能与技巧的培训	不了解	其他
百分比	45.80%	43.54%	8.16%	2.5%

表 4-12 在高校中有无必要普及创新创业教育

选项	有必要	无必要	无所谓
百分比	84.28%	8.43%	7.29%

表 4-13 如何看待大学生创新创业

选项	不反对，但重心应该放在学业上	反对，影响学业，创新创业风险大	赞成，创新创业能提升大学生的综合素质	无所谓
百分比	72.35%	8.52%	15.75%	3.38%

表 4-14 从事创新创业教育的教师首先应具备的条件是什么

选项	创新创业实践经验	接受过系统的创新创业培训	具有管理学或经济学等相关的学科背景	学生工作背景	从事创新创业相关的研究背景
百分比	21.39%	35.45%	30.21%	10.36%	2.59%

表 4-15 创新创业教育的主要目的是什么

选项	培育创新精神	培养创业能力	转变就业观念、拓宽就业渠道	降低创业风险	其他
百分比	15.75%	25.88%	36.14%	15.51%	6.72%

如表 4-11 至表 4-15 所示：此次调查中的大多数重庆高校教师

重视大学生创新创业教育，认识到在大学开展创新创业教育的重要性；由于创新创业教育有利于学生拓宽就业渠道、培养创新能力等，高校教师并不反对大学生在校期间从事创新创业实践。可见大部分高校教师是从就业的方面来看待创新创业教育的，毕竟大学生就业难的问题是目前高校面临的亟待解决的一大问题。

4.1.2 关于重庆高校创新创业教育开展情况的调查结果

本节主要是针对当前重庆高校创新创业教育的开展情况进行的调查和统计，所调查的主要问题涉及"开展创业教育的主要途径""创新创业类课程的开设情况""创新创业师资的建设情况""创新创业教育活动的开展情况"四个基础方面。

（1）开展创业教育的主要途径

如表4-16所示，目前重庆市高校进行创新创业教育的主要途径是各类创新创业大赛，其次是第二课堂、讲座、沙龙。而课程教学和创新创业孵化的比例明显偏低，说明当前重庆高校创新创业教育的途径仍处于起步阶段。

表4-16　重庆高校开展创新创业教育的主要途径（多选）

选项	各类创新创业大赛	课程教学	创新创业孵化	第二课堂、讲座、沙龙	其他
百分比	76.22%	25.36%	15.23%	36.79%	11.25%

（2）创新创业类课程的开设情况

表4-17反映了重庆高校创新创业教育课程的开设情况，该表数

据表明：虽然创新创业教育课程已经引起多数高校的重视，并逐步开设了课程，但学校开设的相关课程数量少、种类单一，大多数学校仅停留在一般的创业和就业指导方面，而实际意义上的创新创业课程很少，这说明目前重庆高校创新创业课程的开发严重不足。

表4-17　被调研高校创新创业教育课程的开设情况（多选）

选项	单独开设创新创业课程	就业兼修创新创业课程	创新创业实训和沙盘模拟	创新创业（含就业与创业）作为必修课程	创新创业（含就业与创业）作为公共选修课程
百分比	10.58%	50.69%	25.48%	35.47%	60.88%

由表4-18我们可以看到，大多数被调查高校的创新创业教育的开设对象是毕业年级学生，其次是有创新创业意愿的学生。这说明大部分高校仍迫于就业压力或者应付当前大众创业、万众创新的形势，只是将创新创业教育作为就业指导的一部分，以及针对有创新创业意愿和能力的学生，其结果必然是无法实现覆盖全面、系统完备的创新创业教育和培训。

表4-18　被调研高校创新创业教育课程的开设对象

选项	有创新创业意愿的学生	毕业年级学生	个别专业学生	全体学生
百分比	25.58%	44.69%	10.48%	19.25%

（3）创新创业师资的建设情况

由表4-19可见，在被调研高校中创业教育的师资现状以兼职或外聘教师队伍为主，其次是有专职教师队伍，且有专职队伍的高校就有兼职队伍，这反映出重庆高校目前的创新创业教育师资队伍的专业程度不高，尚未建立起创新创业教育的专职师资队伍体系。

表4-19　被调研高校的创业师资现状

选项	有专职教师队伍	仅有兼职或外聘教师队伍	专兼职教师都有	没有教师
百分比	29.22%	50.63%	15.32%	4.83%

（4）创新创业教育活动的开展情况

如表4-20所示，高校第二课堂的创新创业教育活动是当前重庆乃至国内众多高校开展创新创业教育的重要形式。被调研高校中已经开展的创新创业教育活动的现状如下：重庆市一年一度的创新创业大赛已经成为所有被调研高校的创新创业教育形式，全国"挑战杯"大学生创业大赛和创业讲座被绝大部分高校作为创新创业教育活动的形式，反映出了重庆市大学生创业大赛在高校的普及程度和影响力，更反映出这一活动作为模拟创新创业的有效形式，已经被广大师生所接受。

表4-20　被调研高校创新创业教育活动的开展情况

选项	百分比
重庆市大学生创新创业大赛	100%
全国"挑战杯"大学生创业大赛	80.24%
全国大学生数学建模大赛	29.86%
高职高专创业技能大赛	41.53%
创新创业讲座	68.32%
创新创业论坛	25.85%
创新创业沙龙	28.77%
其他	10.76%

4.2　重庆地区部分典型高校创新创业教育的开展情况

　　大学生无疑是大众创业、万众创新的生力军。近年来，随着高校创新创业教育改革的不断深化，重庆市教委会同有关部门出台了一系列有关大学生创新创业教育的政策措施，也涌现出了一批工作突出的典型高校，本节选取重庆工商大学、重庆交通大学和重庆理工大学三个各具特色的高校作为典型案例对象进行介绍。

4.2.1　重庆工商大学创新创业教育情况

　　近年来，重庆工商大学高度重视大学生创业工作，初步建立了创新创业教育体系，即"创新创业教育—创新创业见习—创新创业模拟—创新创业实践"的一体化体系。自 2010 年以来，学校积极推进"学科竞赛+创新创业训练项目"计划，依托"创新创业联盟""大学生 ERP 俱乐部"等社团，引导大学生参加"全国大学生企业竞争模拟大赛""学创杯""创青春"大学生创业比赛等全国性学科竞赛，提升了大学生的创新创业能力。通过参加这些大赛，学生可以得到创新创业导师的指导，并不断调整自己的创新创业方向。为实现专业学习与创新创业教育实践的有效融合，学校还完善了"校地协同+全员育人"机制，邀请政府、企业、机构等相关人员参与指导和服务，将跨学科、多专业的知识技能融入创新创业教育全过程，并有针对性地实施"创业精英实验班"计划，专业培育大学生小微企业家，先后有 100 余名学生参与实验班的学习。近三年来，学校申报获批市级和国家级创业训练计划项目的成功率超过 95%；荣获"学创之星""创新创业"管理决策模拟全国大赛总冠军、"创青春"全国大赛金奖等国家及各级奖励 60 余项。此外，学校还创建了"来吧创业商城"网上创业空间、"工商云+同创空间"、学创园等10 个市级或校级众创空间，编撰了《大学生创业仿真与小微企业成长》论文集等系列创新创业教育研究成果。学校也成功获批重庆市首个"微型企业创业指导站"和"微型企业创业培训点"，并被授予"重庆市创业孵化基地"的称号。

4.2.2 重庆交通大学创新创业教育情况

近年来，重庆交通大学积极参与"创新驱动发展""一带一路""长江经济带"等国家战略建设，针对交通运输行业的社会需求，构建了以"四个创新"为重点的创新创业人才培养机制，形成了"交通+"的创新创业特色教育模式、创新人才培养机制与模式，探索校企、校地、校校及国际合作的协同育人模式，构建教育培养、能力训练、竞赛活动、指导服务、孵化转化"五位一体"的创新创业教育体系。学校与茅以升科教基金会合办"茅以升班"、与中交集团、中铁集团联合开设"海外项目管理人才班"；与国外高校合办"国际合作项目班"；与四川、云南、贵州等地高校合作，培养交通建设和经济发展的急需人才。此外，还设立了一个多层次的人才培养实验班，以贴近产业发展的新需求，围绕创新创业人才培养，构建起"理论+实践+创新创业"的课程体系。其中"创业基础"列为本科生必修课，开设"创新工程""批判性思维"等 70 余门创新课程，实施"课程改革计划"和"课程开发计划",加强专业课程与创新创业教育的融合。学校还大力推行研讨式、案例式、研究式等教学模式,推动将创新创业理念融入课程教学全过程,实现"科研成果进教材、科研信息进课堂、科研仪器进实验室、科研选题进毕业设计、学生进课题组"的目标,使学生参与科研项目率达到20%,工科学生的毕业设计选题超过70%源于科研项目和一线工程。此外,学校还打造了"一院一赛一活动"的行动计划,上万人次参加了90余项学科竞赛,建设了"智慧交通""人文交通"等众创空间;学生"无止桥"团队,在云南、四川等地自行设计、建造起10余座"爱心桥""茅以升公益桥",并被交通运输部列为全国推广项目。可以说,学校通过构建学科竞赛、创新实验、创业基地等实践平台群,不断地提升着学生的创新创业能力。

为有效扶持学生创新创业,学校还努力构建"团队辅导+产业引导"和"项目孵化+资本催化"的服务体系,组建了道路与桥梁设计、交通规划与设计等12个学生创业团队,并配备了校内专家、行业精英等加强指导,形成了具有市场竞争力的技术或产品。结合学生项目研发的实际,学校还积极与双福区、铜梁物流园等共建"众包"平台,以推进学生创新创业项目的落地。与重庆高速公路集团、美的集团等合作实施"道路与桥梁设计""节能与污水处理"等项目。学校建设了4 000余平方米的创新创业园,已入驻学生企业30余家。学校还定期举办商业路演,吸引了天使投资、风险投资等社会资本,建立了多元化融资渠道,以促进学生创业的发展壮大。如今,重庆交通大学已经营造出较为浓厚的创新创业校园文化。近三年来,学生获得了包括中英创业大赛季军、全国大学生"挑战杯"

金奖、水利创新设计大赛特等奖等在内的 480 余项国际国内奖项，在 2015 年"全国数学建模竞赛排行榜"中排名第 16，在"高校一等奖获奖总数"中排名第 6，相关成果获国家级、省部级教学成果奖 8 项，学校创业就业工作获得国家级、省部级表彰奖励近 30 项。

4.2.3 重庆理工大学创新创业教育情况

2013 年，重庆理工大学建立了大学生创业孵化基地，到目前为止，已经培育出了 20 余个学生创业团队，涵盖电子商务、移动互联网、节能环保、文化创意、新材料等领域。目前，学校已与九龙坡区政府联合建设了"重理工九龙科创空间"，与清华大学苏州汽车研究院合作创办了"重庆清研理工创业谷"，并为入驻企业提供场地、设备、投融资、财务、法律咨询等一站式服务，以帮助学生进行成果转化。依托学校的专业人才队伍、研发平台以及校外资源在成果转化、创业项目落地等方面的优势，还协同校内外资源，共同为学生打造校外创业平台。学校为每个入驻企业提供 5 000 元的启动资金，并免收租金及水、电费等，以及提供各级研究实验平台的相关技术服务。

为鼓励大学生创业，学校将创新创业教育纳入课程体系，每位学生必须选修 2 学分的创新创业教育类课程。同时，学校也规定学生进行创业实践、参加大学生创新创业训练计划或是创业大赛等可冲抵 2 学分的课程。开设了"大学生创业基础""创业管理学""创业精神与实践""创新组织与管理"等创新创业类课程，采用案例分析与模拟企业运作等方式授课，使学生不仅掌握了创业的基础知识，还了解了企业的真实业务流程。为锻炼学生的创新创业实践能力，学校还为学生提供了多种形式的创业培训平台，鼓励学生参加"重庆市大学生创业大赛"、中国"互联网+"大学生创新创业大赛等各类创业大赛，积极培养大学生创新创业计划项目，以提高大学生的创新创业能力。

此外，为激发广大师生创新创业的热情，学校也出台了多项激励政策。例如，为了鼓励和支持大学生创新创业项目，学校还成功申请了国家级、市级和学校级的创新创业项目。目前，已累计安排上百万元的扶持基金。为了鼓励教师指导学生的创业实践，学校制定了相应的奖励标准，对于参与指导大学生创新创业培训项目、创业竞赛等的教师，学校将为其计算相应的教学绩效分数。从 2012 年至 2016 年，学生共申报了 281 项各类创新创业项目，其中成功申报国家级项目 31 项、市级项目 120 项、校级项目 130 项，直接参与学生达 1 455 人。

除此之外，还有许多高校都有一些很好的做法，由于篇幅的缘故，在这里就不一一介绍了。

4.3 影响大学生创新创业的因素分析

尽管国家出台了很多鼓励大学生创新创业的政策，但是目前实际的创业成功率尚处于较低水平，全国平均水平只能达到 2%，少数发达地区如江浙、上海也只能达到 4%，这与高校大学生在创新创业过程中受到的主、客观各方面因素密切相关。

4.3.1 创新创业意识不强

创新创业意识是指人们从事创新创业活动的强大内在动力，是在创新创业活动中起驱动作用的人格因素，主要包括创新创业欲望、商业机会意识、风险意识等，大学生创新创业意识的缺失主要体现在以下几个方面：

（1）缺乏创新创业的欲望

创新创业欲望是创业者内在心理产生的一种强烈而持久的创业冲动。大学生的创新创业理念更多地来自对创业者和企业家的钦佩，而且大多数大学生受到家庭环境和个人价值观的影响，认为与公务员、事业单位工作人员等职业相比，创业风险较大，因为更倾向于选择过于稳定、甘于平淡的生活，创新创业意识只停留在创新创业兴趣较高但主动性偏低的阶段。相当数量的大学生毕业后进行创业都是在就业压力巨大的情况下，创业成为其迫于就业压力的被动选择，而不是主动地为实现个人职业发展目标和个人人生价值而产生的创业愿望。

（2）缺乏商机意识

商业机会意识是影响创业者成功的重要因素，创业主体必须对市场有着敏锐的嗅觉，既需要熟悉经济运行的宏观背景，又需要掌握行业细化市场的发展态势，这是创业者做出正确决策的前提和保证，商机意识决定了大学生能否在创新创业之路上顺利前进。[①] 大学生长期在校园中生活，与社会环境有较大的隔离，对市场的敏感度

---

① 李沁蓉，冯玉芝.晋商文化对大学生创业教育的影响［J］.经营与管理，2016（1）：151-154.

一般都不高，普遍缺乏足够的市场敏锐度，因此，培养大学生具有足够的市场敏感度至关重要。

（3）缺乏风险意识

创新创业者在创新创业过程中需要客观评估、合理处置风险，其是否具有风险意识，能否及时处理风险带来的危机，直接决定了创新创业能否顺利开展。大多数大学生的创新创业风险意识不足，由于缺乏对社会实践的了解，他们对风险的认识不深，缺乏对创新创业中可能遇到的风险的理性分析，缺乏足够的风险承受能力和应对风险的能力。强烈的风险意识是创新创业的持久动力，因此，风险意识的培养在创业教育中是先行的、必要的。①

4.3.2　缺乏创新创业精神

创新创业精神是指以创新精神为指导，将创新理念转化为创新实践蓝图的思维和操作意识，大学生缺乏创新创业精神主要体现在以下几个方面：

（1）缺乏创新精神

创新精神是摒弃旧观念、旧事物，创造新观念、新事物的一种勇气。受教育环境的影响，大学生长期被束缚在书本上，缺乏创新精神。这主要表现在大学生在创新创业中的创新创业项目因循守旧，或多局限于传统服务业，或盲目追求"高精尖"的科技项目，而没有形成自己的特色。同时，忽视了自身的技术创新能力，未能充分发挥自身的专业知识，往往起步晚、资金短缺，与其他经营者相比，

---

① 李沁蓉，冯玉芝. 晋商文化对大学生创业教育的影响［J］. 经营与管理，2016（1）：151-154.

没有专业技术优势，容易在竞争中被淘汰。

（2）缺乏开拓精神

开发与创新紧密相连，但各有侧重，它们都蕴含着突破常规、勇于创造、勇于探索的核心内涵。与创新精神相比，开拓精神强调的是不满足于现状和坚持不懈的精神。按照传统的教育理念，大学生面临着就业、公务员、考研、留学等多种选择。同时，高校人才培养的目标局限于研究型和应用型，大学生缺乏改变传统就业观念和实践的精神和勇气。然而，在这个竞争激烈的世界中，只有具有开拓精神，才能走出新的人生道路，处于不败之地。

（3）缺乏勤俭精神

勤俭节约是中华民族的优良传统，但在创新创业的过程中，大学生勤俭节约精神的缺失是一个突出的问题。很多大学生只是一味地追求所谓的创业风尚，对行业缺乏足够的了解，难以实现合理的消费和合理的投资。因此，在大学生创新创业的过程中，资金的浪费和使用不合理的现象时有发生。

（4）缺乏坚韧不拔的精神

坚韧不拔的精神是中华民族代代相传的美德。在社会环境的影响下，当代大学生普遍缺乏吃苦耐劳的素质和毅力。在创新创业的过程中，很多创业者没有认识到创业是一项脚踏实地的事业，缺乏不屈不挠、锲而不舍的精神。当他们遇到问题时，他们不会去解决，害怕去解决，缺乏坚强的信念和不屈不挠的意志的支持。

4.3.3 创新创业能力、经验不足对创新创业的影响

创新创业能力是指创新型企业家必备的核心技能，包括市场预

测能力、市场调研能力、果断决策能力、资本运营能力、管理能力、突发矛盾和危机处理能力。目前，大学生普遍缺乏必要的创新创业技能，缺乏将创新转化为实践创业活动的能力。尤其是在面对创新创业过程中所遇到的大量具体而细致的工作时，许多大学生缺乏实践经验和创新创业的基本技能，所以创新创业实践会显得没有章法。许多大学生创业者在创新创业的起步阶段，缺乏基本的市场预判能力、市场调研能力，在创新创业过程中，在资金运作能力、经营管理能力等方面存在短板，因此有必要在创新创业教育中加强对上述技能和能力的培养。

4.3.4　政府支持体系不完善

近年来，虽然政府出台了许多政策来支持大学生创新创业，但是仍有许多不足之处，需要改进。首先，大学生创业投资渠道稳定性低的问题一直存在。资本是决定创业成功的关键因素。虽然政府已经出台了许多规定，为大学生创业基金提供政策支持，但是资金的实施渠道仍然不稳定。例如，一些地方政府和机构设立了一定数量的大学生创新创业基金，但总体来说金额不大且较难申请。同时，由于监管力度不够，导致基金运行不畅、效率不高。其次，政策的执行力度不强。目前出台的关于大学生创新创业的扶持政策很多都属于宏观政策和指导原则，对扶持政策的落实执行和具体操作规定得不够清晰、操作性不强，导致许多政策没有真正得到落实。

4.4 重庆地区高校创新创业教育的问题及表征

通过实地考察和前期调研，可以看到重庆各高校正在全面深化创新创业教育改革，在教学模式、课程设计、平台建设等方面做出了大量的有益探索，取得了良好的效果，但受诸多因素的制约，仍然存在许多问题。

4.4.1 重庆地区高校创新创业教育存在的一般性问题

（1）缺乏完整的课程体系

当前，重庆部分高校的创新创业教育课程体系正处在积极探索建立期，大多是围绕创业基础理论、创业实务和实践等方面，在举办创业讲座的基础上开设有关课程。在教学方法上，大多数高校将教师讲授、案例讨论、角色模拟与基地实习、创新创业沙龙、大赛等活动相结合。虽然大多数高校都开设了创新创业教育课程，但是一般只是在毕业班就业指导过程中进行一定的创新创业指导，缺乏系统、实用、贯彻整个大学过程的课程体系。而且，在很大程度上忽略了校园文化在创新创业教育中的重要性，专业教育与创新创业教育未能密切结合，使得创新创业教育在大学生自主创新创业中的主渠道作用未能得到充分发挥。一是现有教材大多是相关理论性教材或是国外的翻译教材，过于理论化，缺乏实践性，未能很好地结合所在地区和专业的实际需要。二是统一的教学目标和体系在课程设置中还未形成，虽然教育部在 2012 年 2 月下发通知实施"本科教学工程"国家级大学创新创业训练计划，但是至今还没有形成较为成熟、体系化的创新创业教育课程体系作为参考。三是课程内容不够扎实、操作性不强。对于创新创业课程体系的总体规划和布局，很多高校都是缺乏的，在操作上的针对性也较为缺乏。以实践实训为课程重点的高校，对于创业的专业知识传授和实训技能指导非常重视，但对创新创业课程与其他专业课程之间的内容衔接却有所忽略。还有一些高校对理论知识的传播和创新创业氛围的营造非常关注和重视，但总体上缺乏系统性，创新创业教育与学科、专业及实践环节的结合还不够。

（2）师资力量薄弱，专门师资匮乏

随着高校创新创业教育改革的不断深化，教师短缺、指导教师专业技能不高、课程教师知识结构不尽合理等问题在创新创业教育课程中开始突显。首先，数量严重不足是创新创业教育课程师资队伍建设中最普遍的问题。苦于没有足够适合的创新创业教学师资，很多高校想开设创新创业方面的课程都非常困难，情急之下部分高校将学生就业部门、教务部门以及经管、实训和就业指导方面的老师组成了临时的创新创业教学团队。这样的教学团队较为松散，而且师生比例严重不足，创新创业教育成效不明显。其次，创新创业教学师资的教学质量和水平有待提升，眼下的教师队伍多数是半路出家，专业水平还需强化。很多高校的创新创业课程往往是由缺乏专业性的相关辅导员或就业指导中心的教师承担，只能对学生讲授比较浅显的就业理论知识，对创新创业知识和理论的理解不够充分，对知识点的讲解很多也都只能以书本为主，加之其本身也缺乏实实在在的实践经验，为学生分享较为实时的现实案例就很困难。专业课任课教师尽管拥有丰富的理论知识、过硬的教学能力，但在社会参与方面还比较缺乏，在理论与实际相结合方面显得力不从心。而部分高校聘请的企业家或行业讲师更是勉为其难了，担任创新创业竞赛的评委是非常合适的，但如果担任一门完整课程的教学任务就难以保证了。此外，当前高校创新创业教育还处于比较基础的水平，局限于讲授创新创业知识的课程教学方法，在教学方法方面的创新性、互动性明显不足，缺乏开放的实践式教学。可以说，真正体验过创新创业经历的教师并不多，并且具体从事该课程的大部分教师所掌握的业务技能和实践经验与实际学生自主创新创业的需要差距较大。

（3）缺乏足够的支撑体系

虽然重庆高校加大了对创新创业教育的投入，但是与沿海发达省份和创业基础较好的城市相比，仍存在较大差距，全市 61 所高校所设立的创新创业教育专项经费大约仅占其的三分之一。同时，与发达国家对大学生创新创业风险基金的成熟运作相比，在我国很多企业或者风险投资机构对于不确定性较大的大学生创新创业项目顾虑重重，因此社会风险资金的注入也不足。虽然重庆市对于扶持小微企业给予了高度重视，大学生特别是毕业生获得了更多的政策倾斜和资源支持，但是由于这些政策和举措尚未形成系统化的大学生创新创业激励机制，而使得实际的执行效果大打折扣，特别是在投融资、开业指导、税费减免、创业培训、业务指导等诸多方面需要更大力度的支持。此外，创新创业教育基地和孵化培训基地建设还需进一步完善。在现实中，创业大学生们即使拥有出色的创新创业计划书也会因实践基地和启动资金的不足而使项目搁浅，长此以往会严重挫伤大学生们的创新创业热情，致使普惠式的创新创业教育不易推广。

（4）对大学生创新创业教育的重视程度依然不够

重庆位于我国西南内陆地区，受传统教育理念的影响，个别高校的创新创业教育过多注重对相关理论知识的传授，而对学生的创造思维和创新创业能力的培养重视不够。在知识经济和全球化时代背景下，不排除有的高校还没有充分意识到通过创新创业教育所培养出的企业家精神可以增强一个国家和民族的竞争优势。在创业型经济中，相对于劳动力、资本、生产要素等，精神力量是一种稀缺资源。与此同时，由于过分强调整齐划一，高校的创新创业教育很大部分是全校或整个一个学院实行统一大纲、统编教材，最后围绕教学计划进行统一考试。而对个体之间的差异往往忽视，扼杀了学生独特的个性，使得培养出来的大学生无论是在知识结构，还是在能力结构和思想方面都极易出现雷同，缺乏创见，限制了学生创新能力的发展。

（5）对创新创业教育的认识存在误区

如前文所述，目前高校的创新创业教育工作大多是由学生工作部门管理人员、就业中心工作人员和辅导员承担，他们缺乏创新创业经验、体验，在具体指导时更多的是宣讲一些零碎的创新创业常识、政策以及形势等。而承担具体教学任务角色的老师有相当一部分不是本专业出身，教学水平、经验等都存在不足。因此，在开展创新创业教育的过程中，很多高校将其单纯理解为对创业技能的培训，而非引导大学生形成良好的创新精神、创业意识和素质等观念意识，而相应的创新创业教育理论研究在整体上相对落后，总体上缺乏专业性和深度，这些都最终导致理论研究不够务"实"，不能能动地指导实践。

（6）创业成本较高

因为在创业过程中往往存在许多不确定的因素，大学生普遍认为开展创新以及自主创业过程是极为困难和艰辛的，致使大多数大学生很难正确认识创业中所遇到的各类实际问题，不敢面对创新创业失败的风险，进而没有勇气自主独立地开展创业。此外，目前我国缺乏完善的社会保障体系，在创业前期也需要付出相当大的成本，一旦创业失败，则需要付出非常大的代价。因此，缺乏在大学生创业方面的社会保障体系在很大程度上也制约了大学生将创业设想转化为实际的创业行动。

4.4.2 重庆地区高校创新创业教育中商业文化元素缺失的表征

（1）校园文化缺失创新型元素

校园文化建设在一定程度上能够营造出校园良好的创新创业氛围，增强大学生的创新意识，培养大学生的创新精神，积极推动大学生的创新创业实践。近年来，在大学生创业扶持力度方面，地方政府一直不断加强，"大众创业、万众创新"的社会氛围日益浓厚。但由于个别高校的校园文化建设未能及时跟上，传统教育根深蒂固，导致部分高校过于重视理论灌输，校园文化建设与实际的社会环境脱轨，导致其不能紧跟新时代发展的步伐，校园内的创新元素较为缺失。而且，校园文化的营造在很大程度上是以书本为载体的，且内容多有重复，这在一定程度上制约了大学生创新意识的激发以及创业能力的培养。

（2）对传统文化在高校创新创业教育中应有的作用认识和重视不够

首先，创新创业教育过多注重物质财富积累，而忽略了对中华民族传统价值观的培育。高校创新创业教育较多宣扬财富积累对创新创业成功的重要性，而忽视了对大学生的正确财富观、物质观的引导，尤其是很多创业教育活动主要是通过盈利模式的构建来教会学生如何最大化自身利益，在最短的时间内获得"第一桶金"，完成原始资本积累，甚至以当年的利润为衡量大学生创业成功的标准。创业教育急功近利的理念也严重影响了商业道德和诚信体系的建设，片面的物质财富成功观也严重影响了大学生创新创业教育的健康发展。通过对渝商的研究，不难发现，在创新创业过程中渝商们更注重对个人内在修养和价值观的培养，其商业行为和活动推崇"以义为利"，反对"见利忘义"，讲求"货真价实、童叟无欺"，倡导"互助协作"。很多渝商在创业成功后都致力于回馈社会、积极捐资助学、践行社会责任。以渝商精神为引领的重庆地方高校创新创业教育尤其要加强对大学生价值观的培养，注重对大学生正确的财富观、成功观的培养，在实现社会价值的基础上促成个人人生价值的实现。

其次，创新创业教育侧重创业技能培训，而忽略了中华民族创新创业能力的传承。当前高校开设的创新创业课程更多地专注于创新事业的具体运作，传授创业方法和创业技巧方面的知识，从撰写创业计划书到调研分析创业项目，从模拟创业项目到具体运营管理创业实践项目，但都忽视了构建新时代大学生创新能力培养体系与传承中华民族创新创业能力之间的融合，也忽略了地方优秀文化对高校创新创业教育的指导和启示。重庆地方高校创新创业教育应充分借鉴渝商创新创业的文化内涵和精神品质，领会渝商精神在社会经济发展中的历史进步性。

最后，创新创业教育注重国外经济理论宣讲，而忽略了中华民族创新创业文化的弘扬。当前，我国的高校创新创业人才培养尚处于探索阶段，理论体系尚不完善，现有的课程教材主要是梳理高校创新创业人才培养的现状，阐述创新创业人才应具备的素质，宣传国家创新创业政策，分析创新创业成功的典型案例等①，一般采用国外市场经济理论构建商业模式，以成功企业家为榜样激发大学生的创新创业热情，但忽视了利用具有鲜明地域特色的创新创业文化资源，引导大学生开展创新创业活动。高校创新创业教育应注意组合对创新和创业人才的培养与区域特征，汲取区域创新和创业文化的有益成分，将渝商的创新创业史作为案例素材，以渝商精神作为创新创业教育的重要引领，提高大学生的文化自信，持续增强重庆大学生创新创业的精神动力。加强大学生艰苦奋斗精神的教育，是帮助大学生明辨是非、摆脱精神贫困的迫切需要。重庆地方高校要把渝商的吃苦精神、创新精神、协作精神运用到大学生的创新创业教育之中，引导大学生树立正确的社会主义创业观，培养具有强烈的民族意识和社会责任感的新时期创业者。

（3）渝商文化建设未纳入高校校园文化建设的整体系统

校园文化建设是一个系统工程，每所高校都应形成自身独特的

---

① 方瑞. 徽商精神传承与高校创新创业文化生态构建 [J]. 河南高等专科学院学报，2016（6）：62-65.

校园文化特色，但从调研和访谈的情况来看，将区域商业文化融入校园文化建设的高校并不多。要找到合适的方式将渝商文化融入高校创新创业教育，将渝商文化与校园文化融合统一，这对打造独特的校园文化是十分有必要的，但目前，如何实现渝商文化与校园文化的有效融合还在摸索之中。纵观渝商的发展史，渝商的壮大发展为抗战和中国革命做出了巨大贡献，也极大地促进了重庆社会经济的发展，渝商具有的历史地位毋庸置疑。但是，目前发展和传承渝商精神的介质并不是特别的清晰和明确，从结合校园创新创业教育的角度来看，还没有专门研究渝商文化的学术机构来开展专题研究。

（4）渝商文化整体建设进展缓慢

渝商文化的建设总体进展相对缓慢，主要表现在：一是渝商文化研究停滞不前，相关的学术性研究成果十分缺乏。目前已出的关于渝滴的杂志，其内容大多是介绍新一代渝商的创业故事、人生感悟以及渝商企业情况，对渝商文化的纯理性研究涉及还不多。二是渝商博物馆的建设事实上处于停滞状态，虽有民营企业家曾经试图打造一座渝商博物馆，但运作得不成功，而且建馆主题也不聚焦。同样由于没有专门针对学生的渝商教育基地或实训基地，也在很大程度上影响了渝商文化在高校的融入和传承。三是渝商的课程、教材建设发展较为缓慢，目前还没有专门关于渝商文化的教材，只有个别高校的个别老师通过自编的一些关于渝商文化的讲义进行授课，缺乏教材应有的系统性和完整性。

（5）缺乏系统的渝商文化师资培训平台

渝商文化融入高校创新创业教育的重要保障，就是要拥有一支高素质的师资队伍和一支专业化的教学队伍，这将直接影响着创新创业教育的实施及效果。没有良好、充足的师资队伍就不能保证渝商文化能够得到有效的传承和发展。目前高校大多数创新创业教师没有具体的创业实践经历，因此，在开展创新创业教育时更多的是进行理论知识的讲解。此外，专门研究渝商文化的学者本来就少，长期从事关于渝商文化的教学者就更少，而且重庆市目前也没有专门的部门和机构去挖掘和培养相关的师资团队。

5 商业文化引导高校创新创业 教育的比较经验与案例

本章将对国内高校在商业文化引导高校创新创业教育方面的成功典型进行介绍和剖析，然后介绍发达国家高校创新创业教育中引入企业家精神的启示与借鉴，并在此基础上提炼和总结出商业文化引导高校创新创业教育的经验。

5.1 商业文化和传统文化引导高校创新创业教育的成功典型

下文介绍浙江经贸职业技术学院将区域商业文化融入高校创新创业教育以及湖北职业技术学院将中华孝文化与创新创业教育融合的两个典型案例。

5.1.1 "浙商文化"融入高校创新创业教育的案例 ——浙江经贸职业技术学院[①]

浙商文化是一种优秀的社会资源，作为浙江省的省属高校，浙

[①] 杨一琼. 基于"浙商文化"的创新创业教育目标体系的构建与实践 [J]. 科技通报, 2013（11）：223-227.

江经贸职业技术学院深深地根植于浙江博大精深的商业文化之中，在弘扬浙商文化、提升学生创新创业素养方面进行了较为成功的探索。浙江经贸职业技术学院已有 30 多年的办学历史，逐步形成了对浙商文化本质的理解，形成了传承浙商精神、培养创新创业型人才的办学理念，以及以浙商精神为内涵、以浙商文化为主题的校园文化建设思路。学校以"厚德、崇商"为校训，提出了以培养具有"诚信务实的职业道德、敢为人先的创业精神、以小致大的经营理念、技湛商慧的从业本领"为基本特质的浙商新人。学校坚持以素质为基础、能力为本位、职业为导向、创新创业为核心，将浙商文化这一优秀的区域文化资源作为教育的最基本要素，贯穿于整个职业教育的全过程并渗透于创新创业教育阶段，并立体化、综合性地实施了系统化的创新创业教育工程。学校基于浙商文化的创新创业教育这样一种高职人才培养模式逐渐受到了社会的关注与重视，成为高校的人才培养目标与优秀的地方文化资源紧密结合的优秀典范。

（1）"三位一体"的人才培养目标体系

浙江经贸职业技术学院坚持专业与通识相结合、课内与课外相结合、学校与政企相结合的培养原则，不断完善面向全体、融合专业、文化引领、强化技能的创新创业教育体系，着力构筑创新创业意识、创新创业能力、创新创业精神三位一体的人才培养目标体系。浙江经贸职业技术学院以创新创业为载体，以浙商文化为内涵，将创新创业精神和创新创业实践进行了有机的结合和巧妙的融合，可谓虚实结合，便于融会贯通。

（2）人才培养的"四大平台"建设

根据"三位一体"的人才培养目标，浙江经贸职业技术学院努力打造创新创业的"四大平台",即做好队伍建设、课程建设、基地建设、校园文化建设四大功课。

①队伍平台

在学校层面成立校级创新创业指挥部来统筹、协调全校的创新创业工程,并在指挥部下设创新创业教育中心和创新创业活动中心。创新创业教育中心由教务处、基础部牵头,负责全校创新创业的教育工作,包括课程设置、讲堂开设等工作,主要任务是培养学生的创新创业意识和丰富学生的创新创业知识。创新创业活动中心由团委、学生处、招生就业处负责,主要从事创新创业活动的开展,包括创业大赛、社团活动、模拟创业及创业实践等活动,主要任务是提高学生的创新创业能力和培养学生的创新创业精神。两支团队既目标明确、职责分明,又紧密配合、协同作战,从而形成了学校主抓,教育、活动两条线同时推进又互相配合的"一体两翼"的管理模式。

②课程平台

浙江经贸职业技术学院创新创业教育尤其注重实践环节,所以在创新创业课程体系的设置上,在重视理论的基础上,结合高校自身特色、专业内容及区域经济,突出针对性、可操作性、渐进性、系统性和全程性,特别强调实践,促使理论和实践的交叉促进、螺旋式上升,把实践环节落到实处。第一阶段,以"浙商文化概论"等基础课程为主进行通识教育,结合感性的感受式实践,培养学生的创新创业意识;第二阶段,将创业课程、创业培训、创业比赛相结合,进行模拟创业等体验式实践,提高学生的创新创业能力;第三阶段,以实战创业为主,结合更高层次的"创业领袖""领导力"

等理论课程来培养学生的创新创业精神。

③基地平台

浙江经贸职业技术学院的基地平台主要包括校内基地和校外基地两个部分，校内基地又由校内实训基地与校内实战基地两个版块组成。校内实训基地以跨专业综合实训基地和创新创业实践基地两大校级教改项目为依托，被称为"校长工程"，由此可见学校的教育理念和改革力度。将学校的创业园打造为校内实战基地，为学生提供实打实的创业实践平台。校外基地以"立足浙江、依托系统、服务三农"为原则，与行业内知名的浙江企业签订校企合作战略协议，在顶岗实习、技术合作、课题研究等方面深入合作，以充分利用合作方的管理优势和行业资源。

④校园文化平台

浙江经贸职业技术学院努力打造以浙商文化为主线的校园文化建设平台，建设具有浓郁浙商文化氛围的校园文化环境。开设了"浙商文化概论""商务礼仪"等商业文化课程，编写了《浙商文化教程》等校本教材，创立了"浙商讲堂"的学术交流品牌，开展了创业大赛、社团活动、浙商校友论坛等活动，都有力地深化了学校的校园文化建设，可以说，以浙商文化为主线的校园文化有力地推动了以浙商文化为特色的学校创新创业教育的发展。

（3）基于浙商实践的"三段递进分层次"式课程体系的构建

浙江经贸职业技术学院构建了一套系统有序的大学生创新创业教育课程体系，将创新创业教育贯穿于整个学习过程，基本可分为三个阶段：

①通识教育阶段

在这个阶段开设以"浙商文化概论"为主的创新创业通识启蒙课程，并实现全面覆盖。该课程通过展现浙商的成就形象和成功案例，启迪学生的创新创业意识、激发学生的创新创业灵感、培养学生的创新创业理念、发挥学生的创新创业激情。同时，也让学生进行一定的知识储备，了解经济活动的一般规律、社会背景及创业的基本程序，掌握创新创新创业的基本知识、基本方法等。

这一阶段的实践以感受式实践为主，大致有以下几种形式：第一，课堂中对浙江知名企业进行深度剖析并配合多媒体教学；第二，课堂中浙商现身说法及深度访谈，主要有浙商讲座和校友论坛、企业以及商业博物馆等的实地考察和参观、课程考核时的企业访谈等。主要是让学生走近浙商、走进企业，消除陌生感、神秘感，让学生意识到浙商就在身边和眼前，创业并不可怕，这就是创新创业教育最基础的感性的感受式实践。为保证课程的开设，学校将其列入学生公共基础课的必修课教学计划，设立创新创业教育学分，这是开展创新创业教育的基础。

②模拟创业阶段

模拟创业阶段是创新创业通识教育的延伸和拓展阶段。经过通识教育阶段的普及和筛选，出现了一批有创业意向的学生，这些学生就可以根据自己的专业和职业发展规划，有目的性地自主选修"创业概论""创办企业""网上创业""博客创业""创业政策""商业法律""沙盘模拟企业""商务礼仪"等更高层次的创新创业类课程，再结合对"企业管理""财务管理""人力资源管理"等专业课程的学习。经过通识教育阶段的普识学习后，大多数学生已经知道自己需要什么，所以在模拟创业阶段，学生的学习针对性更强，被动变为主动，从"要我学"到"我要学"，学习效果更加明显。学校则根据学生的选课需求鼓励教师多开设创业类选修课程和必修课程，以供学生自主选择，满足学生的学习和发展需要。模拟创业阶段的实践以模拟实训为主，更多的是一种体验式实践，主要途径有：

第一，通过联动校内跨专业综合实训和学校创新创业基地实训，打破各专业之间的界限，优化教育资源配置，集全校之力打造统一的实训平台，使得学生在全校性的实训项目范围内能够自主选取、灵活选择、多方结合、自由训练。

第二，通过校外实训基地，进行具体的岗位实训和能力锻炼。校外实训基地主要是以行业内的浙江企业为主，比如以浙江兴合集团、世贸酒店、联华华商为代表的本土企业。

第三，组织各种创业大赛，进行创业程序的演习。通过确定创业目标、制定创业计划、完善创业方案等途径的实训，进行模拟创业，为学生提供实战创业前的演练机会。

③实战创业阶段

实战创业阶段的课程以实践为主，以理论为辅。经过模拟创业阶段的模拟创业，有部分学生会退出创业阵营，继续坚持下来的是具有一定的创业天赋、创业能力并敢于拼搏的"创业苗子"。在学校打造的创业园中，学校为其营造创业环境、提供场地和政策扶持，学生自负盈亏，进行实战创业。在实战创业阶段，学生的主要任务是进行真实场景下的实战创业，同时学习《企业家素养》《领导力》等理论课程，以进一步提高在经营管理方面的素养。这一阶段的实战创业是高校开展创新创业教育的落脚点。学生创立的公司甚至可吸纳部分具有创业愿望的低年级学生提前介入、兼职创业。随着创业企业经营规模的扩大，一些创业公司会离开创业园这个孵化基地，在社会上创业，之后有可能发展成为未来浙商的新生代力量。

5.1.2 中华孝文化与创新创业教育融合的典范
——湖北职业技术学院[①]

湖北职业技术学院位于孝感市，这是全国唯一以孝道命名的中等城市。孝感是中国孝文化的故乡和中国孝文化的名城。湖北职业技术学院充分发掘中华孝文化资源，培育和践行社会主义核心价值观，以"孝"和"创业"为切入点把社会主义核心价值观"校本化"，落细、落小、落实，建立了健全的"孝创互转"的实践育人模式，以中华孝文化与创新创业文化育人，成效显著，产生了"道德群星"和"创业群星"的现象。

（1）湖北职业技术学院创新创业教育的目标与思路

湖北职业技术学院大力建设孝文化传承创新区和大学生创业示范基地，保护、传承、展示、创新、发展孝文化，培育创新创业文化，构建创业孵化器，加强志愿服务队伍建设，健全志愿服务的长效机制，打造孝文化的新形态。学校推进"有灵魂"的创新创业，把中华孝道创业园建设成为传承孝道、创业创造、志愿服务的文化素质教育基地和实践育人平台，探索特色文化资源富集的地方高校立德树人、实践育人的新模式。

---

① 田寿永. 中华孝文化与创新创业文化融合的路径——湖北职业技术学院的"校创互转"育人模式 [J]. 领导科学论坛，2014（24）：28-40.

①筑牢"孝文化"和"创新创业文化"融合的理论基础

学校率先成立全国第一家中华孝文化学院，率先成立全省高职院校中的第一家创业学院，发起了湖北省孝文化研究会，初步形成了立足湖北、辐射全国、面向世界的中华孝文化研究工作格局。学校以历史的眼光、人类的视野来审视中华孝文化，从培育现代公民的高度、实践的角度来研究中华孝文化，打造在中华孝文化研究领域的特色，以创新的勇气推进中华孝文化的当代重构，在传统与现代、历史与现实的有机融合中设计孝文化的现代化路径。

②发挥孝文化实践基地与大学生创业基地的文化素质教育功能

学校积极挖掘孝文化在立德树人领域的系列资源，建设了全国孝文化领域的第一个创业孵化器——中华孝道创业园，每年孵化大学生创办的小微企业一百多家。学校与湖北省团委合建武汉城市圈创业学院，还建设了国家级科技企业孵化器孝感创业中心，建设了中华公益创业研究中心、中华公益创业孵化基地，设立了公益创业基金。学校争取政府、成功创业校友和校企合作企业的支持，设立了大学生创业基金；建立健全创业教育制度，加大了创业政策扶持、创新创业教育、创业基地建设和创业服务等工作力度。开展创业大赛，展示创业成果，奖励创业项目，搭建合作平台，营造创业氛围，优化育人环境。学校以"创业项目+学生社团""创业项目+订单培养"等模式，积极发挥其文化素质教育功能。

③构建崇尚道德、激情创业、志愿服务的校园文化生态

学校连续十五年举办创新创业年度人物暨孝老爱亲楷模评选表彰活动，以此整合资源、科学策划、宣传推广典型，发挥示范效应。学校关心爱护典型，优化环境，建设平台，不断增强先进典型的生

命力和影响力。

（2）湖北职业技术学院创新创业教育的方法与过程

①文化引领

学校建立了中国第一所孝道文化学院和湖北省第一所高职院校创业学院，开展孝道文化和创新创业文化的理论研究和推广，将孝道文化和创新创业文化的研究成果转化为教学成果，将中国孝道文化和创新创业文化提升为教育文化，学校因此多次获得国家和湖北省政府的奖励。学校将"孝文化与创新创业文化"纳入课程体系，在人才培养的全过程中推进文化素质教育和创业创新教育，引导师生继承孝道的美德。

②社工联动

学校整合社会管理和服务相关领域的教师队伍，大力开展社会工作实践培训，建立了"社工领导志愿者、志愿者协助社工"的联动机制。湖北职业技术学院是武汉城市圈志愿者联合会的总部所在地，该联合会是中国最大的区域性志愿者服务机构之一，会员有10万多人。学校还成立了校级志愿者协会，现有会员1.5万人。武汉城市圈志愿者联合会、湖北省职业技术学院志愿者联合会已经建立了比较规范的志愿者招募、教育培训、评估监督、权益保护、奖惩奖励等管理体系。

③项目载体

为促进志愿服务、志愿工作，学校建设了老年护理、空巢帮扶、残疾人帮扶、科技到农村、家教值班、心理咨询与危机干预、免费导游、无偿献血、文化走进社区、农民书店、关爱农民工子女、社会创业等一共23种志愿服务项目。湖北职业技术学院被评为全国老年人敬老模范单位、全国残疾人自愿救助示范基地和湖北省文明产业创建十大品牌。

④创业基地

学校成立了创业学院，并与湖北省共青团共建武汉城市圈创业学院，学校建成的孝道创业园拥有商业培训楼和商业孵化楼，国家科技企业孵化器孝感创业中心、孝感青年创新创业服务中心也落户在学校。学校建立了公益创业研究中心和公益创业孵化器基地，设立了校友捐赠的公益创业基金 100 万元，以推动创业教育，孵化创业项目。学校组织定期培训、科学研究、临时就业培训，每年选派一批创业导师到国内外培训，并邀请国内外创业教育专家和成功创业者到学校授课，以提高专职创业导师的理论水平和实践经验。学校已聘请100 多名成功创业的企业家和校友为创业导师。此外，学校积极开展创业竞赛，搭建合作平台，展示创业成果，奖励创业项目，营造创业氛围，优化教育环境。实施"创业工程+学生会"和"创业工程+订单培训"的模式，以促进大学生文化素质教育。学校充分利用中国孝道创业园发挥教育作用，中国孝道创业园的企业和员工都是志愿者，将中国孝道文化、创新创业文化传播到全国各地。

⑤闭环运作

学校建立了志愿者工作和创业实践的认知、组织、实践和评价体系，形成了闭环效应和长效机制，不断完善中国孝文化学院、创业学院、武汉城市圈志愿者联合会、湖北职业学院志愿者联合会的制度和机制建设，让志愿者将志愿服务和创业实践视为一种生活习惯和生活方式。

（3）湖北职业技术学院创新创业教育的成效及经验

通过将中华孝文化与创新创业教育有机融合，湖北职业技术学院在创新创业教育和弘扬中华孝文化方面取得了显著的成绩，总结出了一套系统的成功经验。

①将学校打造成一片创新创业的热土

经过多年的建设，湖北职业技术学院中国孝道创业园先后被湖北省评为首批大学生创业示范基地、首批创业孵化示范基地、首批大学生创业孵化示范基地，得到了教育部的高度认可，认为学校将创新创业教育与孝道文化、思想政治思想相结合，具有灵魂和方向。该校将创新创业教育融入人才培养全过程，创新创业工作开展扎实，真正体现了高水平创新型职业学院的实力。

②引领了社会孝道文化的风尚

在湖北职业技术学院中国孝道创业园，98%的企业是由党员、积极申请者和志愿者创办的，而武汉城市圈志愿者联合会的志愿者们也广泛参与其中。目前，志愿者的服务范围已从武汉城市圈扩大到全国各地，使更多的人认识到志愿者和志愿服务的价值，并积极参与志愿者的实践活动。志愿工作已成为弘扬中华孝文化、创新创业文化、改善民生、构建和谐社会的有效载体。湖北职业技术学院先后被授予全国残疾人自愿救助示范基地、全国敬老模范单位等称号，全国有65所高校以湖北职业技术学院为交流基地，开展孝道文化和大学生志愿服务工作。

③创新了高校的育人模式

由于中国孝道文化是志愿服务的文化基石，中国孝道创业园作为省级大学生创业示范基地的示范作用日益突出，中国孝道创业园的志愿服务始终保持着强大的生命力。在弘扬中华孝道文化的基础上，学校以"孝道"和"创业"为切入点，以社会主义核心价值观为办学宗旨，精简、落实、建立和完善"孝"与实践教育模式之间的转换，创业文化对中国孝文化与创新教育显著影响，形成了"道德之星"与"创业之星"的现象。

可以说，湖北职业技术学院的实践再一次说明孝道文化和创新创业文化教育的有机融合，能够提升大学生的综合素质，让大学生自觉地把道德规范转变为行为，从而更好地立足于社会，走上创业之路。

5.2　发达国家高校创新创业教育中引入企业家精神的启示与借鉴

本书选取与我国传统文化有一定相似性的日本作为比较研究的对象。日本高校的创新创业教育有其自身的特点，对促进日本经济发展和人才培养发挥了重要作用。日本企业家精神的特点主要有合作精神、进取精神、学习精神等，其实践经验对重庆乃至中国高校开展创业教育和创新创业教育具有很大的启示。本书通过介绍和总结日本大学将企业家精神教育引入大学创业教育的做法和经验，以期为重庆高校乃至我国创新创业教育的推进和发展提供一些思路和启发。

（1）倡导自主学习和独立思考

熊彼特认为企业家精神的核心在于创新，企业家的任务是"创造性地破坏"。创新正是日本创业教育的灵魂，其根源在于自身的危机意识和接受不同的先进文化的学习意识。日本大学教育强调学术自由，倡导创新，为企业家精神教育营造了良好的氛围。例如，京都大学以"自主学习"为校训，旨在培养具有独立思考和判断能力的学生。学生可以自由地选择感兴趣的领域，尽早在专业外进行自主学习和研究，这样使其在学习专业知识的同时能够树立创造精神。京都大学自由放松的学术氛围与其严谨务实的学风并不矛盾，通过构建灵活多样的教育体系，给予学生更多的选择自由和发展兴趣的机会，使得创新文化成为大学文化的主流，为创新创业要素的发展创造了良好的氛围。①

（2）整合产学研的资源要素

资源的有效配置和信息共享对支持企业家精神的培育、寻找新的机遇、创造新的价值观具有重要作用。随着知识经济时代的到来，日本大学掀起了产学研一体化的浪潮。在 20 世纪 90 年代以后，日本大学创新教学与研究的发展模式体现在日本产业界要求政府制定大学产业、教育与研究一体化的政策中。1998 年，日本政府颁布了《关于促进大学技术研究成果向民间企业转移》的法律。2001 年，日本文部省颁布了《大学经济活力结构改革方案》。日本著名的东京大学就以知识的交尺融合作为开展科学研究的重要指导理念。东京大学早在国立大学法人化之前就开始实施产学研合作，并将其称为"知识反馈"。2004 年，东京大学提出了产学研合作的基本原则，明确了产学研合作是学校知识生产的基础。

---

① 张莉鑫. 日本高校创业教育及企业家精神培养的分析与借鉴 [J]. 北京教育（高教），
　 2015（11）：7-9.

（3）注重实践途径对企业家精神的塑造

日本教育界认为，创业教育贯穿了学生从小学到进入社会的整个学习阶段，且创业教育应根据受教者的年龄差异有着不同的阶段性任务。日本大学阶段的创业教育主要是通过让学生亲身参与，在实践体验的过程中培养企业家品格、提升创业能力，同时可以发现其差距和不足，并以此判断其是否适合创业。传统的知识课程和讲座等教学渠道之外，日本创业教育还强调通过实习、竞赛等实践途径来培养学生挑战新事物的精神以及从事创业的意识和能力。早稻田大学自 1998 年以来就一直举办创业计划大赛，以征集和评选优秀的创业计划。

（4）拓宽对外交流平台

在短短几十年间日本在创新人才培养和创业教育方面取得了巨大成就，这与日本不断拓展的创业教育平台密切相关。在强调家庭参与日本创业教育的同时，日本创业教育还强调社会参与。许多大型企业都参与到大学的创业课程开发之中，并为大学生提供实习机会。一些企业家经常到大学举办各种创业研讨会或指导创业项目[①]。日本大学非常重视与国外大学的校际交流，他们通过参加国际创业项目竞赛等活动，学习国外高校先进的创业教育理念和模式。例如，2008 年东京大学便与北京大学联合举办了创业教育的国际交流活动。

---

① 张莉鑫. 日本高校创业教育及企业家精神培养的分析与借鉴 [J]. 北京教育（高教），2015（11）：7-9.

5.3 商业文化引导高校创新创业教育的经验

从大量的成功案例来看，区域文化中所蕴含的创新创业精神对大学生成长、成才具有重要的现实价值，高校应通过探索和继承区域文化中的创新创业精神元素，积极发挥中华优秀传统文化的育人功能来指导大学生创新创业，通过以区域文化创新创业精神为先导，构建符合新时代发展需要的具有鲜明地域特色的大学生创新创业教育模式。区域文化融入高校创新创业教育的经验主要体现在丰富创新创业的思想理念和内容、激发创新创业人文精神、拓展高校创新创业教育的路径等方面。

（1）将区域商业文化融入创新创业课程体系

目前，许多高校的创新创业教育以课堂教育为主，因此，有必要不断完善创新和创业课程体系建设，丰富创新创业文化课程的数量和内容，并将区域商业文化融入课程体系建设之中，逐步修订和完善相应的课程大纲和人才培养方案，扩大课程的覆盖面，增强创新和创业教育课程在课堂教育中的比例。同时，要加强对区域商业文化中涉及的创新创业内容和价值的挖掘和研究，不断丰富创新创业教育的内涵，将区域商业文化的内容纳入现有的课程体系之中。同时在开展各类创新创业培训的过程中，也要增加区域商业文化的内容，让教师将区域商业文化中的核心思想理念和区域商业文化精神贯彻在创新创业的基本知识之中，以帮助大学生树立正确的创新创业观。

（2）将区域商业文化融入创新创业教育实践活动的全过程

高校创新创业教育的主要阵地和重要载体是创新创业实践活动，它可以帮助大学生实践自己的思想和创新创业理念。2017 年 8 月，习近平总书记在给第三届中国"互联网+"大学生创新创业大赛"青年红色筑梦之旅"的大学生回信中，勉励大学生们扎根中国大地，了解国情民情，在创新创业中增长智慧才干，在艰苦奋斗中锤炼意志品质，在亿万人民为实现中国梦而进行的伟大奋斗中实现人生价值。将区域商业文化融入创新创业实践须促进大学生将区域商业文化中的思想理念和人文精神内化于心，外化于行。一方面，要倡导广大师生深入挖掘和开发区域商业文化领域的创新创业项目；另一方面，要鼓励大学生开展以区域商业文化为主题的创新创业大赛和沙龙活动，重点培育和扶持相关创新创业项目。通过举办一系列创新创业讲座，让学生了解一些创新创业的成功案例和经验，以帮助学生解决遇到的实际问题，激发学生创新创业的积极性和主动性。邀请相关领域的专家、学者作为名誉教授，举办创新创业教育研讨会，促进不同专业、不同班级学生之间的交流与沟通，促进不同专业之间的互动。组织优秀学生参加政府组织的创新创业活动，在高校和社会中营造良好的创新创业文化氛围。

（3）将区域商业文化融入创新创业平台的建设

创新创业平台是大学生开展大学生创业孵化园、创业园等创新创业活动的重要场所和载体，加强平台建设对于发展创新创业教育发挥着关键性的作用，将区域商业文化融入创新创业平台建设中具有重要的现实意义。从平台的整体设计建造上遵循区域商业文化中的优秀理念，将商业文化元素引入其中，能够营造良好的创新创业氛围。从环境和硬件的总体布局和建设上，通过橱窗、展板、显示屏等硬件设备展现区域商业文化元素，尤其是将区域商业文化中与创新创业息息相关的内容提炼出来，能够在潜移默化中影响大学生的言谈举止和精神世界。高校应积极搭建各种区域商业文化展示平台，创立创新创业类学生社团，开设创新创业俱乐部，建设科技企业孵化器、大学科技园、众创空间等创新创业平台。强化网络平台建设，打造创业信息云服务平台，定时发布创新创业有关信息，大学生可以通过云平台找寻自己所需要的资金、资源、设备、合作伙伴等信息，享受便捷的一站式创新创业服务，并让大学生创新创业的最新成果得到广泛的宣传，从而逐步建立起自己的品牌和特色。

（4）将区域商业文化融入创新创业环境的营造

创新创业环境的营造对于大学生开展创新创业活动、激发创新创业意识具有重要作用，中共中央办公厅、国务院办公厅发布的《关于实施中华优秀传统文化传承发展工程的意见》提出，"综合运用报纸、书刊、广播、电视、互联网等各类载体，融汇贯通多媒体资源，统筹宣传、文化、文物等各方力量，创新表达方式，大力彰显中华文化魅力"。在创新创业过程中，要注重利用各种渠道、各种设施、各种场合宣传区域商业文化中关于创新创业的名言、故事、作品等。以区域商业文化为引导的高校创新创业教育要促进共性发展与特色发展相结合，以塑造自身的教学品牌和特色。此外，高校要将商业文化建设和专业课程建设相联系，构建良好的商业文化氛围和品牌特征，并根据地方经济和资源的特点，开展各种创业活动和创业项目，将商业文化、地方文化都融入创新创业过程中，突出地方特色，打造品牌文化，以树立独特的品牌形象。

（5）将区域商业文化融入创新创业师资队伍的建设

高校创新创业教育的主要实施者是创新创业教育的师资力量。创新创业教育的效果关键在于教师的专业水平、知识储备和创新能力。培养高素质的创新创业教育师资队伍，是提高创新创业教育质量、提高大学生创新创业水平的重要保证。目前，许多高校的创新创业教育教师的教学理念仍然比较传统，教学方法比较单一。创新创业教育的有效性和针对性难以得到充分保障。因此，要加强教师培训，组织教师观学先进的创新创业教育课程，加强对中国传统文化和区域商业文化的培训，提高师资队伍的文化底蕴，升级创新创业知识体系，鼓励教师开展区域商业文化领域的学术研究与教学活动。

综上所述，区域商业文化对高校创新创业教育质量的提升具有重要意义。创新创业教育是一项常做常新的工作，不能故步自封，所以在创新创业教育改革的过程中，既要推动区域商业文化成为创新创业教育的引领思想，也要促进中外文化交流互鉴，注意吸收国外优秀的文化内容，并使之与中华优秀传统文化交汇融合，转化为符合我国高校创新创业教育实际的商业文化思想体系和理论基础，从而提升高校的核心竞争力及突出办学特色。

6 打造具有重庆地方特色的
大学生创新创业教育体系

　　创新是人类文明进步的动力，是扎根于每个人心中的具有强大生命力的种子，而企业家精神则是激发创新创业的重要内驱力。在当前背景下，我国高等教育的核心内容之一已包括创新创业教育，深化各地高校的创新创业教育改革已成为高教改革发展的一项重要任务。作为本课题研究对象的重庆地方高校的创新创业教育，目前总体上还处于摸索阶段。地方高校由于文化、地域等因素的不同，创新创业教育具有不同的理念和内涵。文化引领创新创业教育在高等教育中的作用十分突出，以区域文化引导创新创业教育，可以推动高等教育和区域文化与区域经济发展的良性互动。因此，地方高校的创新创业教育必须要有一定的区域文化基础，以彰显地方特色。只有根植于地方经济社会发展和人文精神环境的沃土中，开展创新创业教育的本土化实践，才能更加确实有效地提高地方高校创新创业教育的质量。

　　本书在此以当前重庆地方高校在创新创业教育改革发展中的问题为研究对象，以重庆地方优势为结合点，寻求重庆地区高校创新创业教育改革发展更加充足的资源，以渝商精神寻求充足的文化资源，建立和完善适合重庆地区的高校创新创业教育体系，探索以重庆创新创业精神文化为支撑的创新创业教育改革创新的发展路径。

6.1 培养重庆高校大学生创新创业精神和素质

对于创新创业教育，传统观念的理解往往是具体的活动或实践，比如参加创新大赛、经商办企业等。本书则认为不应仅限于此，创新创业固然与具体的竞赛和创业实践有关，但创新创业教育的意义并不仅局限于教导学生都去参加大赛或者经商。根据美国学者 R. 博亚特兹（Richard Boyatzis）提出的"素质洋葱模型"，社会角色、态度、知识、技能等外层素质更易于培养和评价，而动机、个性自我形象与价值观内层素质则难以评价和习得。高校创新创业教育作为更为内层的教育，主要是培养大学生的创新创业意识、创新创业精神、创新创业能力和创新创业素质，而渝商文化正契合倡导的创新创业的实质内涵，将渝商文化中的有益成分应用于重庆地方高校创新创业型人才的培养，能有效提高创新创业教育的效率与品质。

6.1.1 创新创业意识是大学生创新创业素质培养的基础

创新创业意识是在创新创业实践中对人起推动作用的个性心理倾向，是创新创业素质的社会性质的集中表现，影响着创新创业者对创新创业活动的态度和行为，并规定着态度和行为的方向、力度，具有较强的选择性和能动性，是创新创业素质的重要组成部分，是人们从事创新创业活动的强大内驱动力。① 只有激发出了剧烈的创新创业意识，才可能在此基础上发展出一系列的创新创业精神及素质、能力等。显而易见，缺乏创新创业意识，绝不会有后续的这些创业思想和活动等事项，可见在大学生创新创业素质中创新创业意识属于最基本的构成部分。从现状来看，愿意自主创新的在校学生并不多，更多的是被动地接受知识、技能等，而毕业生真正走上自主创业的道路更是凤毛麟角，而这种情况正是由于大学生缺乏创新创业意识这样的关键因素。传统的社会地位观、大局观、理想观和文化观的束缚，以及宏观上不完善的市场经济都制约着大学生创新创业的实践能力和活动。

6.1.2　创新创业精神是大学生创新创业素质培养的支撑

创新创业精神主要涵盖两个方面：第一，精神层面，主要是创业的个性或个性特征，是一种以创新为基础的做事方式和思维方式；第二，实质层面，这个方面主要包括探索机遇、组织资源、创办新公司，促进企业的发展，进而实现公司新的市场价值。创新创业精神主要包括创新精神、奉献精神、奋斗精神、冒险精神、踏实精神、团队精神、时间观念等方面。② 创新创业精神是大学生创新创业的精神支撑，因此，对创新精神品格的培养是培育创新创业素质的重要组成部分。为顺利开展创新创业，必须培养出良好的创新创业精神。

① 张玉利，杨俊. 国外企业家精神教育及其对我们的启示 [J]. 中国地质大学学报（社会科学版），2004，4（4）：22-27.
② 彼得·F. 德鲁克. 创新与创业精神 [M]. 张炜，译. 上海：上海人民出版社，2002.

创新创业精神在大学生身上一般表现为：①愿意探索、创新、开拓；②具有强烈的风险意识和冒险精神；③更加自尊自强、诚实守信；④更加务实，擅长把握机遇。大学生身上所反映的这些特质跟创新创业精神有一定的匹配度，是大学生进行创新创业的重要精神源泉。然而，在竞争激烈的市场环境下，大学生在创新创业的道路上仍远未具备社会期望其应有的承受挫折与失败的勇气和能力，即便对于具备初步创新创业意识或者开始创新创业的大学生来说，其积累经验稀缺，还普遍缺乏专业培训，其创新创业尚处于冲动阶段，急需强化理性思维。然而，一些大学生有很高的期望值，却害怕受苦，就算他们得到了一些好的创新创业机遇或是获得了珍贵的创新创业的创意，但是因为缺乏一定的执行力和勇气，他们依然很难实现自己的创业梦想。由此可见，创新创业精神教育应该成为大学生创新创业教育的核心内容，更是大学生素质教育的主要内涵的一个方面，并应该发展成高等教育学领域中的一门新学科。

6.1.3　创新创业能力是大学生创新创业素质培养的核心

知识的积累、学习、实践和发展创新是人类社会生存和发展的源泉，创新创业能力在本质上是大学生创造性地运用知识解决社会问题、创造社会价值、实现自我价值的能力，它在个体知识和能力结构中处于控制和综合其他要素的核心地位。创新创业能力从内容上来看主要包括善学能力、分析研究能力、丰富的想象能力、精准判断能力以及解决问题能力、实践能力、组织协调能力等一系列综合能力。而从概念的延伸上来看，首先，创新创业能力体现在影响创新创业实践活动效率的创新实践中；其次，与其他能力相比，创新创业能力更具开创性、前瞻性以及综合性；最后，创新创业能力需要在知识和技能有机整合后才能形成，所以其表现出的行为动作是复杂且协调的。由此可见，对创新创业能力的培养在创新创业教育中是非常关键的，一方面需要培养相关智力因素，主要是为学生提供与创新创业有关且直接可用的必备基本知识、技能和能力；另一方面对非智力因素的培养也是其重要组成部分，就是要培养学生的情商和心理素质，包括较强的合作、协调、沟通、人际交往能力以及心理素质、决策能力等，而这些素质和能力必然不是天生的，是需要通过系统、科学、有效的培养教育才能后天获得的。因此，知识的传播和能力，尤其是对学生创新创业能力的培养都应是高校创新创业教育的核心内容，最终促使学生创新创业能力的形成。

6.1.4 创新创业品质是大学生创新创业素质培养的保证

创新创业素质的组成部分中的一个相对稳定的素质就是创新创业的心理素质，这更能经常反映创新创业的长期性、习惯性或遗传性特征。目前，一些大学生有很强的创新创业意识和很高的热情，但成功率却很低，除了客观因素外，大学生在创新创业心理等主观因素方面也存在许多问题。例如，生活中缺乏独立性、缺乏持久的坚韧性、缺乏自信的耐心、缺乏正直的勇气、缺乏创新的经验等。创新创业获得成功的先决条件是需要具备良好稳定的创新创业心理素质，这也是高素质人才建设的迫切需求。创新型企业家要善于发现新事物，要有强烈的探索新事物的欲望，敢于冒险。创新企业家还应善于在创新创业过程中抑制和防止冲动。对冲动的克制是一种积极、健康、有益的心理素质。有效的克制可以使人积极有效地控制和调节自己的情绪，使自己的活动始终在正确的轨道上运行，从而避免因一时的盲目冲动而产生的非理性行为。心理素质的形成是一个从观念到行为习惯的渐进过程，是一个需要长期培养和塑造的过程。实际上，大学生在各个阶段的心理素质特征都是相对的，学生在接受创新创业的过程中，其心理素质特征可能发生自我调整，最终趋于稳定。学校和个人要从高校教育入手，自觉地把心理素质融入学习和生活的各个环节，进行全面、长期、有针对性的培训，使其具有比较成熟的心理素质，以应对创新创业。

6.2 构建大学生创新创业教育保障体系

6.2.1 完善创新创业制度体系，规范大学生创新创业活动

为了更好地开展创新创业教育活动，切实提高大学生的创新创业素质和技能，学校应建立一套合理的制度体系：①充分利用高校创新创业教育指导委员会，加强组织领导，加强宏观引导，整合创新创业教育资源。②建立高校创新创业教育的专门科研机构，专题探索剖析创新创业教育在当前背景下所呈现出的新规律、新机制、新方法，不断建立健全创新创业教育的理论体系，有效促进创新创业教育的丰富和发展。③加大创新创业教学和实践所需的软硬件设施设备的建设投资，营造良好的基础环境。④组建创新创业教育的师资队伍，激发创新创业教育教师从事创新创业教育的积极性，促

进高校创新创业教育的广泛发展。⑤建立起创新创业的管理体系，各校应结合自身实际，由团委、学生处、招生就业等部门协调配合，借鉴先进地区高校创新创业教育的经验，逐步编制出台一整套对大学生创新创业教育的管理制度，以有效地管理学生的创新创业活动。

6.2.2　设立创新创业专项基金，扶持大学生创新创业活动

创新创业基金是指为大学生的技术开发团队、信息技术团队和商务服务的创业活动提供的初始创业基金，一般都是一种无息贷款基金，主要来源于高校的财政拨款和企业、社会团体等有关组织的资金支持，用以帮助大学生开展创新创业活动。① 但现在完全依靠自身单独设立创新创业专项基金的高校不多，大部分高校在这方面的能力相对较弱，而且就算设立了专项创新创业基金，资金数额一般也不大，不能很好地支撑创新创业活动，因此需在社会各个层面进行更加广泛的宣传与号召，大力动员社会各方面的力量参与大学生创新创业基金的设立。

6.2.3　完善创新创业服务系统，帮助大学生实现创新创业

强化高校创新创业服务体系建设是大学生创新创业的前提条件，是大学生创新创业能力提升的关键，一整套完整的创新创业服务体

---

① 施素娇. 温商创业精神引领下的大学生创业教育探究 [D]. 金华：浙江师范大学，2011.

系能够保证学生参与创新创业实践的需要得到满足。建立完善的创新创业服务体系主要包括：①依托重庆本地丰富的企商资源、创新创业成功的人士或校友，经常性地开展多种形式的创新创业交流活动，帮助大学生解答或解决在创新创业过程中的疑惑和困难。②设立法律援助中心，为大学生提供创新和创业的相关法律咨询，有效保障其权利。③开办大学生创新创业智库超市，有效整合大学生创新创业的各种项目理念、信息、政策、融资渠道等，搭建创新创业共享平台，建立大学生创业实践认证、评价制度。④以重庆市各类商业协会为主体，面向社会组建大学生创新创业校外导师小组，为大学生提供创新创业的教育咨询与协作服务。

6.2.4 在重庆地方高校创新创业教育中引入企业家精神的培养与教育

德鲁克认为任何有勇气面对决策的人都可以通过学习成为企业家，展现出企业家精神。这意味着，尽管企业家精神是一种特质，但它并不是一种人格特质，而是一种基于理念和理论的行动。基于这一观点，大学生创新创业教育应从创新创业精神培养入手。结合发达地区高校的实践，在当前的重庆高校创新创业教育中，应引入创新创业精神的培养与渝商精神的教育。首先，大学生要树立开放、积极的学习态度，充分认识到从掌握知识到创业是社会进步和发展经济、提高福利、发展个人事业的重要途径。其次，建立校企联合培训模式，使大学生进入企业，特别是民营企业，使其学习先进的创新创业理念，知晓创新创业精神在创业过程中的重要性。高校已有的职业发展、创新创业教育等相关课程也应将创新创业精神的培养纳入教学目标，使高校教育满足社会和企业的需要。最后，定期举办研讨会，营造大学生创新创业学习氛围，拓展知识面，增强大学生的创新创业信心。

重庆地方高校在创新创业教育中融入本地企业家精神和渝商精神的教育和培养，并非单纯地促使学生立即创办社会企业或成为企业家，而是使其在大学时代吸收企业家创新创业的精髓，切实加强大学生对社会的责任感，使其在今后的创新创业实践活动中能够与社会责任相结合，主动承担更多的社会责任。实现这一目标有以下几种途径和方法：

一是将企业家创业理念和渝商精神引入高校现有的创新创业教育。当前，重庆地区高校创新创业教育的体系已基本形成，且较为完整。政府应鼓励研究机构和高校对相关课题进行系统研究，将社会企业家的创新创业理念融入现有的 KAB、SYB 等大学生创新创业教育中，以加强对其的理论指导和支持。为加强对企业家创新创业精神的引导和培养，地方创新创业教育培训机构应将企业家创新创业理念引入现有的创新创业教育，并将相关理论知识纳入现有的创新创业教育课程，积极引导越来越多的创业导师在创业教学中主动将企业家精神的各项内容融入其中。要从大学阶段开始，在向大学生传授创新创业有关的理念、知识及技能的同时，强化社会中鲜活的企业家创新创业精神、理念的熏陶内化，使大学生们在将来要进行的商业实践中更具社会责任感、使命感，更有能力创造出一番个人事业，而不仅是追逐经济利润。

二是开展与企业相关的公益创新创业实践活动与竞赛等。目前国内正积极开展社会实践活动，如由青年恒好理事会主办，由 KAB

全国推广办公室与恒源祥（集团）有限公司、中国青年报社联合发起的"青年恒好"项目，就是一个关注青年成长、成才，服务、扶持青年创新、创意、创业的开放性公益实践平台。[①] 而目前重庆市还没有影响特别大的大型的与社会创业相关的实践活动，重庆地区大学生创新创业实施者展示、沟通和实践的平台缺乏，机会不多。因此，政府有义务为创新创业者提供更多的实践机会以及施展交流的平台，应主动发起推动社会商企参与的创新创业竞赛，通过社会商企举办的创新创业竞赛等活动，引导大学生尝试构思和建立创新创业项目。高校要集合多方社会力量，大力开展多种形式的社会公益类的创新创业实践活动，营造社会各界广泛关注和支持的良好氛围，促进他们鼓励、支持有创新创业志向的青年大学生开展创办企业的实践活动。此外，利用当地现有的民营企业创建一批实训基地，为有兴趣、有志向的大学生创新创业者参与和体验这些企业的创新创业实践提供平台和机会。大力支持企业创新创业研究机构的创建，利用这些平台举办相关大型实用讲座，一方面引导有创新创业志向的青年大学生实施创办企业的行动，另一方面也引导社会力量协力促进企业家创新创业精神在重庆地区的培育和发展。

三是加强对社会企业精神文化的宣传引导，营造企业家精神文化培育的良好氛围。从社会层面营造良好的氛围是高校开展创新创业教育、着力培养大学生创新创业者的重要内容，只有营造强烈的社会责任感和浓厚的创新创业文化氛围，才能使越来越多具有社会责任感和创新创业兴趣的大学生走上创新创业之路。为此，政府应

---

① 潘峰. 广西青年创业教育中社会企业家精神培育思考 [J]. 广西科技师范学院学报，2014（3）：77-80.

充分发挥其官方强大的宣传和舆论正向引导职能，全方位、多角度地宣传本地企业家创办企业的成功经验，多方位宣传企业家为本地所做出的贡献，特别是要突出企业的典型榜样，在社会上营造出企业以承担社会责任为荣的氛围，以提高企业家的声望。引导大学生更新理念，激发创新精神，勇于创办企业，并通过树立勇于承担社会责任的典型人物，以激励青年大学生投身于创新创业之中，以扩大青年社会创新创业者的影响力。此外，还要从制度层面给予企业家和专业人士充分的尊重和社会认同，使其享有一定的社会地位，使其工作成为一种值得终身追求的事业，而不仅是纯粹的或过度的趋利行为。

四是加大对社会商企的支持力度，构建起高校创新创业的服务平台。创新创业并非易事，在其道路上充满了各种困难，建议政府和有关部门重视和支持大学生创新创业者开创和发展社会商企，在制度和政策上给予帮助。一方面需要在法律法规的基础上对组织的性质、权利义务等进行界定；另一方面需要从政策、财税等方面给予支持和帮助，政府部门应制定相应的政策，为青年大学生创办社会企业提供便利的政策支持，以促进社会企业的发展和社会企业家精神的培育。

6.3 将地域文化融入作为创新创业教育模式创新的重要依托

高校创新创业教育作为传统高等教育的延续，更是高教模式改革和创新的契机。在教学内容上,应以区域文化为创新创业的载体,根据专业特点吸收相关区域要素,并逐步融入人才培养的全过程。

6.3.1 立足于区域特色开展创新创业教育,增强创新创业教育的个性

(1)融合区域文化特色,开展个性化创新创业精神教育

地方高校开展创新创业精神教育需与该区域的商业文化相结合,区域商业文化所具有的独特性是创新创业精神教育的重要源泉。以区域商业文化精神为引领的创新创业教育会更接地气、更具活力,在确认创新创业精神教育的目标、内容等各个方面都要充分考虑融入以区域创新创业文化为核心的区域特色文化,使学生更加直观主动地认同这些目标和内容。利用身边典型的人物事迹和故事来激励学生,以增强创新创业精神教育的效果。例如,渝商精神所包含的自强不息的奋进精神、坚韧不拔的个体英雄品格、重信重义的契约精神、勇于担当的崇高社会责任感以及勇于创新的开拓精神等都是创新创业精神教育的经典内容。

(2)结合区域特色资源,开发个性化教育课程

要使区域特色资源在创新创业教育中发挥作用,重庆地方高校在这方面的课程设置上就要坚持特色原则,将区域经济产业界的发展状况与地方高校创新创业教育紧密结合,重点关注区域经济产业变化发展的趋势、热点以及最新的创业模式,及时调整创新创业教育的课程设置及相关的课程内容,设计出具有显著区域特色的创新创业教育课程。在课程内容上,通过将重庆地区创新创业成功的经典案例作为课程内容融合到创新创业教育中去,甚至还可以编写特色的讲义和具有

地方特色文化的教材。在课程形式上，可以依托区域优势产业，邀请特色优势产业的成功人士到高校开展讲学、研讨等活动，并结合区域经济产业特色，联合企业建设创新创业的实践基地，开发实训项目。

（3）利用区域经济产业和人力资源特色，形成具有区域特色的创新创业教育师资队伍

地方高校要利用区域特色经济产业资源，加强与本地区知名企业的共建，通过校企联合创建创新创业平台或开展合作研究等方式，增加高校创新创业教育教师的创业实践经历和经验，重点培养"双师型"教师。鼓励教师在创业一线从事兼职工作，为教师提供在企业中挂职学习的机会。在企业中临时任职，有利于教师观察创新创业实践，培养出"企业家学者""学术企业家"的创新创业专职师资队伍。在创新创业教育上，地方高校拥有更多的人际关系和人力资源优势条件，要充分利用自身的这些优势，通过多层级、多系统、多渠道地实施"请进来"战略，与区域社会各方面建立直接联系，重点选聘成功的创新创业者、企业家以及校友中的成功企业家作为本校创新创业教育的优秀兼职教师，使之成为专职教师的重要补充。

6.3.2 利用创新创业教育强化区域特色，彰显创新创业教育的实效

（1）选择与区域经济社会发展密切的学科进行试点

重庆地方高校创新创业教育试点想要突出区域文化经济产业特点，在学科和专业的选择上就应该选择与区域经济社会产业特点和发展需要密切相关的重点领域来开展，使创新创业教育融入专业建设和专业教育之中。专业人才培养方案顶层设计融入了创新创业教

育的理念和目标，并将其课程纳入专业教学体系之中，使专业教学科目成为创新创业意识激发、知识传授、精神培养以及能力培养的重要途径。在实践层面增强专业拓展与创新创业实践环节的互动，培养出具有创新创业素质和能力的应用型专业人才，有效促进区域经济产业的发展。例如，浙江省的温州大学在多年的实践探索的基础上形成的"以培养岗位创业者为导向"的创业教育模式，实现了创业教育与区域经济产业的良性互动，为地方高校开展创新创业教育提供了良好的示范。①

（2）增强地方高校创新创业文化的区域影响与辐射

创新创业文化培养的关键是创新创业精神文化的培养，而创新创业精神文化的核心则是创新创业价值观。因此，高校创新创业文化培养的最核心的内容就是要着力于创新创业价值观的培育，通过多种途径和方式渗透到创新创业的感性价值和理性价值、自我价值与社会价值、显性价值与隐性价值之中，使其相互平衡，从而有效引导大学生开展创新创业实践活动。在关注经济价值和自我价值等显性价值的同时，也要深刻理解和彰显创新创业实践的社会价值等隐性价值的重要性，最终使正确的创新创业价值观内化于大学生的内心。重庆地方高校注重培育创新创业价值观对于区域社会和区域文化价值观的培育也有积极作用，可以使创新创业文化的主导作用得以发挥，更可以提高区域创新创业文化在内的区域综合文化的层次和水平。

---

① 施素娇. 温商创业精神引领下的大学生创业教育探究 [D]. 金华：浙江师范大学，2011.

（3）提升人才培养与区域经济社会发展的耦合度

强化地方高校创新创业人才培养与区域经济社会发展需要的整合，突出区域人力资源特色。培养人才是高校的重要使命，而地方高校的人才培养更具有十分鲜明的定向服务特征，能更精准地服务于区域经济社会发展和培养区域发展所急需的人才。基于高校创新创业的教育目标是培养出高质量的具有创新创业精神和能力的创新型人才，地方高校就需要通过提升创新创业人才培养目标与区域经济社会发展需求的契合度，来发挥其在培育区域人力资源特色中的积极作用。因此，地方高校的创新创业教育应进一步改革对创新创业人才的培养目标、模式，以衔接区域经济产业发展的需求。

6.3.3　加强商业文化素养的培养，丰富创新创业教育的时代内涵

创新创业就像一股强大的清流可以释放出一条全新的航道，使国内经济迸发出新的活力。大学生作为创新型、创业型的年轻一代，在大学期间除了掌握了扎实的专业理论知识基础外，还要探索和接触实践，积累商业文化知识，提高自身的商业文化素养，为未来的发展夯实商业文化思想基础，以便形成强大的软实力，为将来的创新创业做好准备。

（1）校企合作培养学生的职业认知

高校可将企业的真实项目作为课程学习项目，邀请企业和实务界人员来校授课，这样学生不仅可以深入企业观摩，还可以通过企业实践来检验学生提交的学习成果。通过在实践中学习，在学习中实践，学生将能够在学习实践中融会贯通商业文化精神。同时，校

企合作可以为学生提供更多的实习机会，学生可以利用课余时间到企业实习，充分利用所学知识，更多地了解企业文化。在这一过程中，他们可以积累商业文化素养，为未来的创新创业奠定基础。同时，在校企合作的过程中，可以选拔优秀人才，为企业自身的发展储备人力资源。校企合作可以实现大学生、企业和高校三方的互利共赢，同时也为"大众创业、万众创新"提供了更多的可能性。①

（2）开设创新创业案例课程

榜样的引领作用和成功人士的示范效应是非常重要的，高校可在低年级的教学中就开设创新创业课程。课程主要采取案例教学以及"三结合式"的教学方式：①企业家名人案例和校友案例的结合。在内容上，一方面，学生对企业家或名人的成长史往往都比较感兴趣，成功的企业家也可以起到榜样作用，他们的创业过程、故事和经验可以激发学生的创新和创业精神。另一方面，由于成功的企业家可能会给学生们一种距离感，而校友的案例则更为贴近。在典型案例的选择上，可以优先选择学校学生的"创新与创业"故事，让学生感受到他们也可以获得与高年级师兄师姐一样的成绩。②成功案例和失败案例相结合。创新创业课程不仅要分析成功案例，也要分析失败案例，这样才能让学生懂得创新创业不是一件轻而易举就可以成功的事情，只有付出努力和汗水才能获得成效。③教师讲解与学生讲解相结合。事实上，创新创业课程最重要的是培养学生的独立思考能力，使他们能够从案例中学习成功经验，总结失败教训。因此，在课堂上，除了必要的老师讲解外，要给学生预留出更多的

---

① 陈静."大众创业万众创新"热潮下高校商业文化建设的研究［J］. 智库时代, 2018, 164（48）: 95-96.

时间，让学生思考，模拟项目路演，从而锻炼学生的思维能力。

（3）将商业文化渗透到选修课程

目前，尽管高校毕业生就业率总体稳定，但是也存在着大学生离职率高、初次就业时间短等问题。大学生不适应工作、离职率高的一个重要原因就是当前的高校毕业生不能满足岗位的工作要求，这不仅包括大学生职业技能的缺乏，还包括职业道德和企业文化素养的缺乏。例如，大学生在创新创业的过程中，经常发现文案写作能力不足；需要开展项目路演时，发现自己的语言能力不足；做跨境业务时，国际贸易的相关知识缺乏。因此，为了满足学生提高综合素质的需要，学校可以开设多种选修课以供学生选择，如演讲与口才、商务写作等。专业课与选修课的灵活结合，可以使学生的综合素质得到更好地培养和提升。

（4）充分发挥导师的作用来指导创新创业教育

近年来，教育部先后举办了一系列"创业教育教师骨干师资培训"，不少高校也举办了"大学生创业导师培训"，然而这些培训主要集中在理论研究和案例研究上，而对导师来说，最困难的问题是缺乏丰富的创新创业经验和实践经验。现阶段，高校创新创业教育导师虽然知识水平高，接受过良好的高等教育，掌握了丰富的创业理论知识，但是很多都缺乏丰富的创新创业经验和企业实践，重理论而不重实践。因此，高校创新创业教育教师应转变传统的创新创业教育理念，摆脱传统课堂教学的时空局限，培养互联网思维，运用多媒体和网络技术以及信息教学技能等现代化手段开展创新创业教育，提高创新创业教育的质量。同时，通过校企合作，帮助高校创业教育导师更多地在企业中实践，积累丰富的创业理论实践经验，从而向学生传授最新的企业价值观和企业文化。同时，在创新创业教育导师的选择上，高校也可以聘请成功的创业者，充分发挥他们丰富的创业实践经验的作用。①

（5）以打造新时期的渝商精神来推动地方高校创新创业教育的发展

树立新时期的渝商精神以促进地方高校创新创业教育的发展。①解放思想，从封闭性思维转变为开放性思维。摒弃一切阻碍进步和制约发展的陈腐落后思想的束缚，摆脱等、靠、要等依赖意识形态的束缚，打破旧的保守观念，坚持多层次、多角度、全方位、大开放的原则，拓展创新创业机会。②立足于本土文化，吸收外来文化。重庆作为历史文化名城，内涵丰富，挖掘、整合和利用自身丰富的文化资源有利于创新创业文化环境的发展。然而，仅使用重庆本土的文化是远远不够的，还要注意吸收发达地区的创新创业文化，逐步为传统文化注入新的元素和血液，增强商业文化环境的影响力和创造力。③注重人才的发展。新时代的渝商精神离不开创新的高素质人才，要采取各种优惠政策和激励措施，留住和引进具有前沿思维和广阔视野的高素质人才。因此，有必要加强人才引进，实施人才储备战略，完善人才选拔机制，为科技含量高、市场发展潜力大的创新创业项目提供全方位的支持，使新时期的渝商精神与重庆地方高校的创新创业教育共同发展。

6.3.4 地域文化融入高校创新创业教育中的着力点

地域文化融入创新创业教育，不仅能进一步激发学生的创业热

① 陈静. "大众创业万众创新" 热潮下高校商业文化建设的研究 [J]. 智库时代, 2018, 164（48）: 95-96.

情，促进学生形成良好的创新创业意识，还有助于优秀的区域传统文化的传承和发展。

（1）凸显地域文化在校园创新创业文化中的地位

优秀的地域文化既可以极大地激发学生的想象力，也可以有效地帮助他们获得全新的思维和想法，从而提高他们的创新创业意识，促使学生主动参与创新创业文化的培育和建设。引导学生学习当地优秀的传统文化，尤其是与创新创业项目相关的文化。也许对这些传统文化的学习有一定的难度，但一旦完全掌握，它们就可以发挥巨大的效能。大力弘扬优秀传统文化也体现在商业模式创新上，高校可以邀请具有丰富的创新创业经验的企业家到高校为学生做专题讲座，为学生提供更新、更有针对性的创新创业信息，培养他们的毅力和进取心，真正实现优秀地域文化与创新创业教育的深度融合，加快创新创业文化的培养和建设。

（2）完善高校创新创业文化培育体系

校园创新创业文化的培育需要各方面的合作与支持，需要政府部门、社会、师生的积极参与，以形成科学有效的联动机制。高校作为区域发展的主导力量，应充分利用政府资源，在对区域发展创新创业教育的内涵和效果进行分析与规划的基础上，根据促进创新创业教育的市场环境，全方位优化其文化环境，切实为创新创业文化的培育提供有利的发展空间。此外，还应建设具有地方特色的创新创业型高校，最大限度地发挥地方高校创新创业文化的影响，通过媒体推动高校创新创业文化建设，全面普及与创新创业相关的扶持政策，探索先进企业典型，挖掘出更多真实的创新创业故事，让成功的创业经验得以有效地继承，为我国高校创新创业文化的建设提供借鉴。这对提高学生创新创业的热情和积极性可以起到很好的推动作用，对地方高校长期关注区域经济发展形势、促进区域文化与产业结构的融合也将产生积极的影响。

（3）健全高校创新创业教育保障支持体制

地方高校在构建创新创业保障体系时，应首先根据地区的实际情况，主动联系政府部门制定相关政策，通过构建教师与社会各界的科技成果奖励转变机制，制订创新教育理论与实践相结合的系统评价指标和体系，为提高学生的创新创业热情奠定基础。同时，创新创业实践基地的建设要有政策支持、财政激励和信息管理支持，只有这样才能充分实现创新创业服务和指导的精细化、专业化，有利于创新创业文化培养的进一步发展。此外，应推进教育教学管理机制的改革，合理延长学生的创新创业时间，将其社会创新创业实践活动转化为相应的学分，让学生在创新创业过程中也能完成学习任务，从而保证学生的学习质量。需要注意的是，还应适当调整对创新创业活动指导教师的评价标准，为教师提供更多的自主学习和发展的机会。

（4）营造浓厚的校园区域文化氛围

创新创业文化的发展需要创新创业的支撑，创新创业既是创新创业文化的精髓，也是创新创业文化的灵魂和重要载体。在创新创业教育过程中，既要充分认识和支持创新创业，又要理解和把握创新创业的风险，遵循创新创业的基本规律。从物质层面来说，首先，高校的创新创业氛围可以通过有形文化的建设来实现，包括创意标识的设计、创意歌曲的编写、高校创意品牌的文化形象等。其次，我们应该加强舆论宣传和营销，增强广播电台、网络论坛、显示板等有效载体的宣传力度，以创造一个良好的和富有创新和创业精神的校园氛围，从而从根本上提升学生对创新和创业的信心。再次，利用地域文化等创新创业项目活动进入校园，让学生对创新创业有深入的了解和理解，如创业演讲比赛、创业实录展示、创新创业培训课程等。这些活动将汇集有创新意识的人才，促进校园创新创业文化的建设和校园文化的发展。最后，积极创造具有地方特色的创新创业教育理念和企业文化，且针对教师开展创新创业师资培训班，积极鼓励教师深刻理解中国创新创业教育的现状，研究课程开发情况，为更好地指导学生进行创业奠定良好的基础。

（5）强化高校创新创业课程的地方特色

可以根据地域文化优势的特点在创新创业教育的课程设置上体现相应的特色。首先，高校人才培养的目的明确为培养创新型人才，而不仅是为了就业。要充分体现高校的特点和优势，这对促进区域经济的发展具有重要意义。其次，根据地方经济发展的需要和用人单位的需求，应培养具有区域特色和专业优势的优秀人才，在人才的创新创业教育中实施精细化、专业化培养，重点培养一批具有创新创业意识和精神的现代化人才。再次，教育空间需要从课堂教学进一步扩大到课外教学，应结合社会实践和课外创新创业教育，提高学生的创新创业能力。此外，构建并实施多层次、多元化的课程体系，运用创新教育的一般课程，传授学生企业管理的基本知识和新产品开发的技能，并为学生创业提供有益的科学指导，或直接在高校内部创造实践机会，为学生的创新创业提供良好的条件。

总之，高校应立足于地域文化对创新创业教育的积极影响，努

137

力提高地域文化渗透的影响力，大力弘扬地域优秀的传统文化，构建科学高效的创新创业文化培育体系，通过培育创新创业精神，为地域文化的创新发展提供有利条件。①

---

① 黎鲲，周丽好. 创新创业教育中地域文化的渗透路径 ［J］. 湖北开放职业学院学报，2018（24）：3-4.

7　渝商精神提升重庆地方高校创新创业教育质量的设计和路径

　　重庆作为全国内陆战略高地和正在打造成的国际大都市，是一座特别富有创新创业激情的城市，创造了在国内外均享有良好声誉的渝商文化，其中蕴含着丰富的创新创业文化因素，成为重庆最具价值的资源和最大的优势之一，对于探索提升重庆地方高校大学生创新创业教育质量的路径和模式，极具现实土壤和指导意义。渝商精神对重庆地方高校如何提高大学生创新创业教育质量有着极其重要的启示，为改进创新创业教育模式提供了有益的参考。因此，在重庆地方高校开展具有显著区域文化底蕴的创新创业教育，应着力培育大学生的创新意识、精神以及能力，提高其综合素质，培养创新创业人才，是提升重庆地方高校大学生的综合素质的重要途径。要实现这一目标，必须以渝商精神为内涵构建创新创业教育的实践路径。本文从分析渝商精神入手，结合重庆地方特色，研究重庆地方高校创新创业教育，探索提高创新创业教育质量的有效方法和途径。

　　正如前文所说，在重庆山城大地上培育出了开拓创新的渝商精神，创造了享誉海内外的渝商文化。在重庆地区开展大学生创新创业教育具有独特的优势，渝商精神根植于巴渝地区博大精深的商业文化之中，是一种优秀的社会文化资源。因此，重庆地方高校有责任和义务弘扬渝商精神，提高学生的创新创业素质和能力，为重庆这片创新创业的热土不断输送渝商新人。本章着重分析如何以渝商精神为引领建设创新创业教育目标体系，如何以渝商文化资源为教育的关键因素构建全新的课程体系，并将渝商文化贯穿于、渗透于高校创新创业教育全过程，综合性、系统化、立体化地开展创新创业教育，以提升教育质量和效果。

7.1 营造良好的弘扬渝商精神的社会环境

地方高校根植于地方，服务于地方，其教育是在其地域文化背景下进行的，必然受到地域文化的影响和制约。从这个意义上来讲，地方高等教育应该继承、延续、创新和发展区域文化。因此，地方高等教育的现代化过程是一个重新认识和批判继承地方文化的过程。为了更好地培养新时期重庆高校大学生的创新创业精神，必须以弘扬渝商精神为基础。

7.1.1 塑造全社会的渝商精神和渝商文化

渝商精神蕴含了丰富的创新创业智慧，以其文化底蕴为引领增强全社会的创新创业意识，指导一批创新创业基地的发展壮大，使"大众创业、万众创新"的激情在山城大地上不断高涨。第一，重庆地区更需培育具有创新意识和开阔远见的各类商人或企业家。创新必须成为重庆商业、企业人士的首要素质，同时创新更是一个企业发展的核心驱动力。只有具备创新精神的企业才善于在激烈的市场竞争中寻找到商机，并创新和改进整合资源，最终使企业立于不败之地。第二，目前各种类型的创新创业平台有众多，工会、共青团、妇联等群众性组织要发挥自身优势，对这些平台充分利用，使自身的日常工作和促进"大众创业、万众创新"密切结合起来，鼓励和调动社会各界人士普遍参与，在创新和创业的浪潮中脱颖而出。第三，向全社会注入创新创业精神，还需要各级宣传部门履行好自身的职能职责，多角度、立体化宣传渝商文化，增强全社会的创新创业意识，以不断掀起创新创业的舆论热潮。第四，在"政府支持、企业主办"的模式下，政府应出台一系列优惠政策，加大力度支持"大众创业、万众创新"。第五，各类创新创业基地要加强创新规划，积极招商引资，引导重庆籍在外创业成功人士回乡创业。第六，各级政府官员要学习研究创新创业精神和渝商精神，通过学习更善于抓住机遇，勇于主动提升全社会创新创业的积极性，将根植于渝商精神文化底蕴中的创新创业精神转化为创新创业的智慧和能力，让"大众创业、万众创新"的热潮竞相涌动。

7.1.2　加强渝商文化的研究平台建设

如前文所述，当前对渝商及其精神的整体研究尚处于起步阶段，关于渝商文化的专题研究，仍然处于相对局限的范围内，研究体系尚不完整。因此，重庆地方高校的创新创教育若要将渝商文化有机融入，则必须建设针对渝商文化的研究平台，这具有十分重要的意义。例如，组建研究队伍或团队，成立渝商研究所或渝商精神研究中心等专门的研究平台，并通过项目联合申报、人员互动交流、学术探讨、沙龙及头脑风暴等多种交流互动方式，将渝商文化研究平台真正做实做强。进一步融入创新创业教育服务也应成为渝商文化研究平台的重要职能。因此，作为渝商文化融入创新创业教育的顶级设计者，应发挥创新创业教育的主体和龙头作用，这也是研究院的核心任务之一。

7.1.3　整合社会资源共建渝商学院

重庆各级地方政府在通过政策支持引导高等院校加快创新创业教育建设的同时，也要对更高层次的社会资源进行整合，依托高等院校建立区（县）级的渝商学院或是渝商研究院，发挥各地方高校在专业、师资、场地等多个方面的资源优势，促成高校之间的交流互通、资源的分享与合作，实现大学生创新创业的跨校合作。在政策的支持引导下，不同高校可以依据自身的特色资源投入场地或专业老师作为导师，组建跨校创业教育与指导团队。在此基础上，可进一步广泛调动社会资源参与和投入大学生创新创业活动，使渝商学院（或是渝商研究院）成为政府、企业、高校三方共建的机构。总之，只有在政府、企业、高校的共同努力下，形成促进大学生创新创业的合力，才能推动大学生创新创业这个系统工程，才能使渝商精神在高校的创新创业教育中落地生根。

7.1.4　注重渝商精神的传承和创新

区域文化的传承是地方高校的重要职能之一，推动渝商精神的创新也是重庆地方高校发展的目标。重庆地方高校以区域文化为引领的创新创业教育要不断发展创新，不仅需要继承重庆地区优秀的区域文化，而且需要以开放的心态接纳其他区域优秀的商业文化，尤其是认真学习琢磨发达地区的现代商业文化，以实现商业文化与现代社会文明的顺利融合。随着经济社会的发展，传统的教育方式已经不能满足当代高校发展的需求，单纯的理论型人才在激烈的社会竞争中也逐渐丧失了优势。开展创新创业教育、培养创新创业人才已成为地方高校的重要任务，重庆地方高校在创新创业教育过程中要高度重视渝商精神建设的积极意义和必要性，并以此为指导，树立品牌特色，推动重庆地方高校的可持续发展。

7.1.5　建设渝商精神教育和网络宣传平台

伴随着网络技术的飞速发展，新媒体资源不断丰富，信息传播的速度越来越快，覆盖面越来越广，大众学习和生活的各个领域已被各类信息数据所渗透，必然对大学生和社会公众的思想和行为产生多方面的影响。渝商文化与创新创业精神的结合能够在很大程度上抵制各种网络文化带来的负能量，增强创新创业的自信心、主动性，坚定大学生和青年们的理想信念。重庆地区各高校应结合自身情况，创建具有学校特色的渝商文化的官方微博和微信公众号，并组织专业团队进行建设和维护。在渝商精神的引导下，通过微博和微信公众号，培养学生的社会责任感和荣辱感，加强创新创业的教育和实训。高校还应掌握渝商文化环境下大学生的思想动态和行为趋势，大力提升其新媒体素养，着力打造有利于其开展创新创业活动的新媒体平台，营造创新创业浓厚的渝商文化氛围。

7.2 提升创新创业教育各主体的渝商文化意识

营造良好的弘扬渝商精神的社会环境离不开加强创新创业教育各主体的渝商文化意识，只有加强创新创业教育各参与主体的渝商文化意识，才能更好地激发创新创业教育的效果。

7.2.1 营造以渝商文化为背景的校园氛围

校园环境是传播企业文化的重要载体，对熏陶和孕育大学生的创新创业精神、培育其创新创业意识、塑造企业文化具有十分重要的作用。将渝商文化与地方高校创新创业教育融合的第一步，就是营造一个独特有效的校园创新创业环境，让师生们在日常的学习和工作中能够感受到渝商文化的洗礼和影响。具体措施包括：①在校园硬件环境的布局和设计上，在学校突出区域可以修建渝商代表雕像，在教学楼和实验室等学生经常出入的地方可以张贴重庆商界人物的宣传材料、人物故事和创新创业事迹等。②在学校官网、微博、微信公众号等新媒体上设置渝商文化宣传版块，定期集中开展有一定声势规模的渝商宣传活动；利用学术资源、人才资源、政策支持等高校优势，打造渝商文化系列论坛和主题沙龙，形成稳定持久的渝商文化宣传窗口。③政府、学校、企业三方合作打造渝商文化传承的重要载体和平台——渝商博物馆，使之成为是弘扬渝商文化的重要基地。

7.2.2 形成以渝商文化为主线的校园组织架构

高校创新创业教育融入渝商文化的有效途径是逐步形成以渝商文化为主线的校园文化组织架构，重点包括以下几个方面：一是将学校的发展明确定位为以渝商文化引领的创新型高校，将渝商文化融入校训校标、人才培养目标等顶层设计。二是设计一套以渝商元素为主的院校标志，使学院、建筑物等更具文化气息和特色，如下属的二级院系、各教研室可以用渝商元素、企业名或代表人物命名，使渝商文化得以被深入地传承和宣传。三是结合渝商文化，开展渝商大讲堂、渝商学术沙龙等各类项目、讲堂、活动等。总之，在学校的各个工作领域、各个发展环节都要渗透进渝商文化，形成以渝商文化为主线的校园组织架构，实现两者的深度融合，为高校深入开展创新创业教育打下坚实的文化基础。

7.2.3 激发大学生主动了解渝商精神的意识

创新与创业精神是密不可分的，由于长期受应试教育的影响，我国大学生普遍缺乏创新意识和创业精神，思想固化、谨慎保守、不愿冒险、害怕承担责任。这直接导致在面临当今社会巨大的竞争压力时，许多学生缺乏应对方法，举步维艰，有的甚至成为创业牺牲者，令人唏嘘不已。要扭转这种情况，必须不断弘扬渝商精神的优良传统和精神核心，培养大学生的创新意识、竞争意识和自强不息的精神，使他们成为艰苦奋斗、不屈不挠、自力更生的新时代大学生，为实现中华民族的伟大复兴做出贡献。重庆地方高校还应充分利用校园文化基地，宣传重庆市优秀企业家代表的成长经历和国家创新创业的优惠政策，以激发学生的创新创业意识和热情。

7.2.4 培养知晓渝商文化专业知识的创新创业导师队伍

教师的引导和示范对于大学生的创新创业精神的培养和能力的提高至关重要，重庆地方高校应不断提高创新创业教师的商业文化素养，在与商业文化和渝商精神相关的学习和培训、科研项目审批等方面提供支持。只有这样，教师才能与时俱进，培养出一大批具有创新意识和创业精神的学生。另外，对于一些财经类高校来说，要立足于优良商业文化的沃土，增强自身的文化自信心，同时，将弘扬区域商业文化作为一个强有力的起点，培养一批具有深厚的区域商业文化素养、独特的创新视野和优秀的创业能力的高层次师资人才。

按照跨学科、引进与培训相结合的理念，建立和培养具有渝商文化专业知识的师资队伍。目前，在高校中有许多创新创业导师都具有深厚的理论知识，但是他们大多是"从校门到校门"，没有直接从事过创业活动，缺乏创新创业的指导经验，因此，有必要实施"一联一"项目来培养创新创业导师团队。"一联一"项目即一位创新创业导师对接一个企业、一位企业导师，尤其是对于校外导师优先聘用新渝商的代表人物，通过制定创新创业导师培养计划，明确任务和考核措施，并通过进入企业实践，以提升导师们对创新创业实践的指导技能。同时，企业导师也应更多地参与高校的创新创业教育活动，熟悉创新创业教育的规律、需求等，以实现双赢。

7.3　以渝商精神为引领提升高校创新创业教育的理念和目标

具有鲜明重庆地方特色的大学生创新创业教育模式可以更好地提高大学生创新创业的素质和能力，从渝商的创新创业精神中借鉴有益成分为高校培育创新创业型人才服务，有利于开创地方特色的创新创业教育模式。

7.3.1　将渝商精神融入创新创业教育的价值理念设计层面

深入分析、归纳和演绎将渝商文化与高校创新创业教育相衔接的渝商文化特征和要素，是在高校创新创业教育中融入渝商文化的首要任务。渝商在重庆这一独特地域表现出的特色是"勇于当先、积极向上、进取心强的地域特色以及海纳百川、同舟共济的文化胸襟"。渝商精神可以表述为自强不息的奋进精神、坚韧不拔的个体英雄品格、重信重义的契约精神、勇于担当的崇高社会责任感、勇于创新的开拓精神等特质，这些都有助于形成高校创新创业教育的文化动力。在创新创业教育中，可以结合渝商的特质，邀请渝商成功人士开展案例设计的讲座与课程，介绍创新创业活动的具体细节，使学生们能够更加直接生动地了解创新创业的全过程。通过提炼、挖掘和传递历代渝商捐助革命、同舟共济捐助灾难、团结一心抱团发展的事迹，能够不断地为高校创新创业教育提供强大的文化元素和精神动力。

7.3.2 以渝商精神为基本点培养学生的创新创业意识

依托渝商精神培育大学生的创新创业意识，高校可以通过开展多种形式的创新创业活动、竞赛，如组织优秀学生参加政府组织的创新创业竞赛活动等，为学校和社会营造良好的渝商精神创新创业文化氛围，以激发学生创新创业的积极性和主动性。可以通过举办系列渝商创新创业讲座，向大学生介绍关于渝商创新创业的成功案例和经验，协助大学生解决各种疑惑和问题。可以通过邀请渝商文化研究领域的专家学者担任荣誉教授，提升创新创业教育的理论水平。另外，可以在各高校开设渝商精神的相关课程，举办渝商精神创新创业教育论坛，以促进不同专业、班级学生之间的互动与交流，促进各专业之间的互动。

7.3.3 认清渝商精神的着力点，传授创新创业知识

丰富的创新创业知识和理论是大学生开展创新创业的重要基础和保证，高校应积极构建多元化的创新创业课程培训体系，夯实大学生的理论知识基础。首先要打造特色教育。高校要在提供共性教育的同时，把素质教育和技能教育结合起来，通过考察、职业测评等方式，把握学生们的专业特点和兴趣爱好，协助不同学生做好职业生涯规划，并开展针对性强的培训活动。其次是构建多元化、多层次的课程体系。高校应建立以必修课为主、以选修课为辅的教育模式，充分利用有限的课堂时间，帮助学生掌握扎实的创业知识，保障学生全面、系统地获取相关的创新创业知识和理论。此外，还要建立创新创业教育实训基地。高校还应积极与企业合作，为学生

实践技能的培养提供环境条件，使学生能够实地了解企业的经营环境，为未来的创新创业打下坚实的基础。

7.3.4 推进渝商精神建设，打造创新创业特色

办学特色既是高校发展的生命力，也是高校发展的重要力量。以渝商精神为引领的创新创业教育可以突出体现重庆地方高校的办学特色，促进共性发展与特色发展的有机结合。为充分发挥渝商精神在创新创业教育中的作用，在创新创业教育体系的建设中，各校应结合实际，将渝商精神、社会文化与校园文化紧密结合，打造属于自己的教学特色品牌。高校应将渝商精神建设与创新创业课程建设相结合，促进高校特色专业的发展，营造良好的渝商精神氛围和品牌特色，提高高校在社会中的地位和影响力。突出地方特色，结合当地的经济特点和资源特点，将渝商精神、地方文化与民族文化有机融合到创新创业过程中，开展丰富多彩的创新活动和创业项目，打造渝商精神教育品牌，铸就独特的创新创业教育品牌形象。

7.3.5 建立和完善基于渝商精神的创新创业课程体系

课程体系是高校创新创业教育实施的核心载体，也是实现渝商精神和渝商文化传承的主要渠道。以渝商文化融入创新创业教育为前提，按照高校创新创业教育课程体系的基本思路，在基础课、专业课、选修课三层课程体系的建设中都应考虑渝商精神的融入。首先，从基础课程来看，高校针对创新创业教育的要求——"面向全体、突出重点"，设计面向全体学生的渝商文化普及课程，如"渝商文化概论""渝商人物与故事"等，并自编相关教材面向全体学生

推广。其次，从专业课程的角度来看，结合需求，将渝商创新创业文化有机融入具体的专业课程，对创新创业专业化角度的一些经验和做法进行汇总、积累，融入具体的创新创业教育中，有利于提升教学质量和效果。比如，电子商务类专业可以设计"新渝商的互联网经验"，制造类专业可以设计"渝商实业史"等相关课程，国际贸易实务专业可以设计"跨境电商的渝商经验"等。再次，从选修课的角度来看，创新创业教育课程的开发应突出灵活性和针对性，如开设渝商历史、渝商人物、渝商文化等相关的在线课程，邀请知名渝商、重庆籍企业家举行讲座、沙龙和论坛等活动。

7.3.6 践行社会主义核心价值观

渗透渝商精神、渝商文化的专业教育教学能够很好地与社会主义核心价值观相结合。创新创业者只有在崇高理想与坚定信念的指引下，其精神世界与行为活动才有足够的动力与支撑。重庆地方高校必须结合渝商精神，加强对大学生的理想信念教育，引导学生践行社会主义核心价值观，弘扬渝商精神，培养学生的精神品质与道德理念，使学生形成责任意识，以便正确处理利益诉求与社会责任之间的关系。挖掘重庆企业家精神的优良品质和传统，通过典型示范的引领作用，培养学生不惧艰难困苦、拼搏奋斗、爱国奉献的品质精神，帮助学生树立爱岗敬业的精神风气。同时，在引导学生创新创业的同时，继承渝商优良的传统和品质，履行好社会责任，积极投身于公益事业，成为中国特色社会主义的建设者和推动者。

7.4　渝商精神提升重庆地方高校创新创业教育的着力点

自重庆高校创新创业教育开展以来，成效显著，但与理想的情况仍有一定的差距。通过走访重庆部分高校教师与工作人员、创业人员以及协助创新创业的机构工作人员等，可以发现在重庆高校创新创业教育中依然存在相当突出的问题。从深层次剖析，造成这些问题的根源正是创新创业精神的缺失，这已经成为当前创新创业教育质量提升的瓶颈。为扭转这一局面，有必要从重庆的城市特征、历史文化特征出发，以渝商创新创业精神为引领，推进高校创新创业教育与区域文化相结合，从而有效地提升教育质量和效果。

7.4.1　提高对创新创业教育的认同度

首先，通过广泛开展教育思想和理念的讨论，使广大师生知晓和理解创新创业的基础性问题，如"创新创业是什么""为什么要创新创业""创新创业教育是什么""为什么要开展创新创业教育""怎样开展创新创业教育"等。面向全体教师开展创新创业教育讲座、创新创业教育教学理论与技能培训，使广大教师明白开展创新创业教育对提高人才培养质量的重要性和紧迫性，使广大教师更加积极主动地了解、宣传、践行创新创业教育，面向全体学生开展创新创业教育的咨询讲座，以提高全体学生对创新创业教育必要性的理解。通过多种途径使广大师生从了解、认识到深刻理解创新创业教育，并主动参与到创新创业教育的教学和实践中来。

其次，在做好高校创新创业教育的日常动态宣传工作的同时，依托校内外各种宣传载体，开展创新创业成果、创新创业先锋、创新创业风向标、学生创新创业园区等专项宣传活动。高校还可以依托校园文化活动平台，开展创新创业文化节、创新创业精英挑战赛，播放励志电影和歌曲，最终实现创新创业文化走进学校、走进教室、走进宿舍、走进心灵。①

最后，高校可以依托各类社交媒体，广泛宣传创新创业教育的理念、措施、效果和典型案例，并结合专业教学宣传创新创业教育的特色和效果，增强师生对创新创业教育的认同。制作创新创业学生案例集，记录校友创新创业故事，组织评选创新创业典型个人和团队等，详尽地展示优秀创业学生的创业经历、成功经历、失败教训和心理历程，让更多大学生对创新创业教育认同。

7.4.2 营造良好的创新创业教育环境

在校园文化的形成过程中，必须将渝商精神融入校园文化，形成具有重庆特色的强大的创新创业文化，以有效提高学生的心理承受力、协调性、应变能力、团队精神和协作精神，为创新创业提供必要的准备。高校应引导学生积极了解重庆的经济、文化、历史甚至是产业结构特点等，使他们能够加深对重庆区域经济、商业文化的认识，这在潜移默化中培养了大学生的创新创业意识，利用社团活动等加强校园创新创业文化建设，这样也能够增强学生的实际动

---

① 何孟原，吴金秋. "融入式" 创新创业教育视阈下创新创业文化建设研究 [J]. 黑龙江教育（理论与实践），2014（2）：64-65.

手能力和社会适应能力。同时也要注重弘扬渝商精神，创造创新创业的社会文化环境。渝商精神是重庆高校培养创新创业教育人才的强大精神动力和思想源泉，应融入创新创业教育的思想塑造过程中去。要善于调动校外的社会"资源"，例如那些在社会上积极开拓、敢"闯"敢"创"的校友们，毫无疑问丰富的校友资源可以为创新创业教育带来积极的示范效应。学校可以通过校友会、校友企业专场招聘会、校友论坛、企业家论坛等渠道整合校友资源，增强创新创业教育的社会文化氛围，使这些社会资源为创新创业教育服务。

此外，在国际化、全球化的今天，重庆地方高校在开展创新创业教育的过程中应与不同地区特别是发达地区乃至发达国家建立创新创业教育培训交流机制。高校应积极构建国内外创新创业实践和文化交流的平台，实现思想碰撞和经验交流，组织大学生参加各类国内外创新创业竞赛、创业交流等，积极争取各种形式的国内、国际创业资金与技术支持，充分利用国内、国际各种资源为大学生创业与高校创新创业教育服务。[1]

7.4.3 重构重庆高校创新创业教育模式

创新创业教育旨在培养创新创业人才，是一项涉及高校教育各个方面的系统工程，因此，需要重构一个系统合理的创新创业教育体系，应采取以下措施：

一是建立创新创业课程体系。开设创新创业课程，不同院校的学生应建立不同的课程体系，全面拓展知识面。如工程院校一般特

---

[1] 何孟原，吴金秋."融入式"创新创业教育视阈下创新创业文化建设研究 [J]．黑龙江教育（理论与实践），2014（2）：64-65.

153

别注重专业技能，因此应适当补充一些人文类的学科知识，开设诸如管理类、经济类的学科。而财经类高校由于学生实际操作能力的欠缺，因此应开设一些实践性课程来弥补这类学生的实践能力。创业课程体系应统筹考虑创新和专业课程体系的有机结合，实现相互补充的效果，以有效激发学生的学习积极性和创新性，提高学生的创新能力和自主创业能力，使学生具备扎实的专业知识，形成较强的沟通能力、适应能力、创新能力以及较强的创业意识。

二是搭建创新创业教育实践平台。掌握理论知识在创新创业教育中固然重要，但更要加大对实践能力的培养力度。因此，高校应建立设施完善、功能完善的创业孵化基地，政府、高校和企业应共同建立大学生创业孵化器，搭建适合大学生实践的企业实习基地，为其提供更多的实习机会和培训机会。

三是加强创新创业师资队伍建设。出台各种优惠政策，逐步建立创新创业教育教师队伍，促进创新创业教育的成长，以进一步解决教师创新创业能力不足的问题。[①] 鼓励教师参与创业实践，为教师到企业学习实践提供各种锻炼机会，有利于增强创新创业指导教师的创业实践能力，丰富其创业经验，为创新创业教育教师提供兼职创业理论知识培训，有利于提高教师的综合素质。

四是完善保障机制，形成了"四位一体"的创新创业教育保障机制。成立大学生创新创业教育领导小组，从宏观和政策层面积极推进大学生创新创业教育。建立大学生创新与创业教育学院，进行理论和实证研究，探索新的法律、机制和方法的创新和创业教育，

---

① 李立军，崔伟，李俊芳，等. 浅析三峡大学创新创业人才培养的路径研究——基于对浙江大学等六所高校调研报告 [J]. 教育教学论坛，2019，399（05）：94-95.

注重创新和创业教育的定位，并实现理论与实践的完美结合。建立创新创业服务机制，为创新企业家及其团队提供及时有效的智力服务、管理服务、心理服务、法律服务和文化服务。建立机制支持创新与企业家精神，在学院和大学对创新与企业家精神项目设立专项资金，同时获得政府、社会和家庭的支持，形成了"四位一体"的创新创业教育保障机制支持来大学生自主创新与企业家精神培育，解决了家庭后顾之忧，促进了创新和创业教育的发展。

五是建立创新创业激励评价机制。学校应制定政策、创造条件，鼓励和支持大学生自主创业，利用竞争激励、评价激励等激励机制，鼓励和扶持大学生创业，鼓励和引导学生参与创新创业实践。

7.4.4 建立渝商文化融入高校创新创业教育的评价与改进机制

除了上述措施外，如何测试其实施效果并进行及时调整和优化也很重要，因此，对渝商文化在高校创新创业教育中的作用效果的检验应不断完善。本书在收集调查资料的基础上，拟从渝商精神引领程度、创新创业教学效果、创新创业氛围、创新创业竞赛情况、创新创业服务效果等方面评价，实施效果的评价指标体系见表7-1。

如表7-1所示，通过建立这个指标体系，定期对高校的创新创业教育进行评估，可以及时评价、改进和提升渝商精神融入高校创新创业教育的实践效果。

表 7-1　高校创新创业教育实施效果的评价指标体系

一级指标	二级指标	三级指标
高校创新创业教育实施效果的指标得分	渝商精神引领程度	师生对渝商文化的知晓程度
		开设渝商文化类课程
		建有渝商文化展示厅
		设计校园渝商文化的标识、塑像等
		举办渝商文化的讲座、论坛、竞赛等
	创新创业教学效果	学生对渝商类课程的选课情况
		师生对渝商企业家导师的评价情况
		"一联一"工程的实施情况
	创新创业氛围	试点专业占全部专业数的20%以上
		接受创新创业教育的学生占比为100%
		学校建立各种创新创业的激励制度
	创新创业竞赛情况	创新创业竞赛覆盖率在60%以上
		有省级以上的创新创业竞赛获奖
	创新创业服务效果	有专门的创新创业服务指导部门
		为学生创业提供工商办理、咨询服务等

7.4.5　渝商精神融入教学课堂的实现路径

众所周知，当今的课堂教学，不只局限于传统意义上教师坐在教室里进行讲授式教学，还包含丰富的课堂教学方式，大致涵盖理论教学课堂、实践实习课堂、校园文化课堂、网络环境课堂四个方面。本节将探讨如何把渝商精神引入广义的课堂教学之中。

（1）渝商精神引入理论教学课堂

在当前的日常教学活动中，教学的主要阵地仍是理论教学课堂。

因此，我们应该将渝商精神引入到理论教学课堂之中。

首先，把渝商精神的培养纳入人才培养计划，使其成为人才培养目标的一部分。

其次，适当地增加与渝商精神有关的课程。在实施创新创业教育的同时，要优化课程设置，使学生系统地了解渝商的历史、发展、责任和使命。

最后，结合渝商案例进行课堂教学，传播渝商文化的精神价值。将渝商精神的引入和创新创业教育、思想政治教育相结合，贯穿于大学教学过程中，形成全员、全程、全覆盖的教学模式。

（2）渝商精神引入实践课堂

实践课堂能使学生更好地掌握实践本领、锻炼能力。

首先，将学生实习基地设在渝商企业，引导大学生进入渝商企业学习实践。例如，在龙湖、金科、力帆、小康、宗申等知名渝商企业，建立渝商文化校外实训基地，定期组织学生参观企业实景，聆听企业发展报告，体验企业文化，让大学生直观感受渝商企业最真实的企业文化，从而接受渝商精神文化的熏陶，提高学生对渝商精神文化的理解和认识。

其次，邀请渝商企业家参加创新创业教学活动，如课程改革实践、学生竞赛活动以及学生实践教学训练等。

再次，开展"互联网+"等创新创业实践类竞赛，提升学生的创新创业能力和综合素质，实现以赛促教、以赛促学、以赛促进的目的。

最后，建立和设计基于渝商文化培养的实训平台或基地，如渝商博物馆、渝商人物展、渝商故事展。

（3）渝商精神引入校园文化建设课堂

校园文化，对于大学生的思想品德教育和良好的行为习惯的养成具有重要意义。

首先，将渝商文化引入校园文化建设，培养大学生的开拓进取精神，塑造大学生完整、健康的人格。

其次，成立渝商企业家讲坛和创新创业学生社团，通过设立渝商企业家论坛，邀请渝商企业家来校开展讲座和培训活动，让更多的大学生了解渝商和渝商企业，激发他们创新创业的激情，点燃创新创业的梦想。

再次，汇聚渝商校友力量，通过校友会聚集校友的力量，并通过通过校友讲述自身创新创业的发展历程和心得体会向在校大学生传播创新创业的思想。

最后，为渝商搭建研究平台，营造鼓励渝商研究的浓厚氛围。不断开展与渝商相关的理论和实践研究，深入探索渝商的精神文化，深入分析渝商创新创业具体案例的异同。

（4）渝商精神引入网络学习课堂

伴随着互联网技术的进步，网络已成为人们日常生活中不可缺少的重要组成部分。目前大多数高校都会通过网络传输技术，模拟真实课堂环境，采取网络手段为学生提供高效的学习环境。可以说，网络课堂是当前最开放、最先进的课堂。

首先，利用网络教学资源，开拓学生的视野。例如，通过组织观看一些关于渝商企业家创业的视频和节目，可以更直观地了解渝商企业家的创业故事。

其次，建立渝商教学资源库。渝商教学资源库的建立可以很好地总结渝商的历史经验和教训，从而更好地指导学生进行创新创业教育。①

综上所述，重庆地方高校创新创业教育的目标体系构建必须有机融合将创新创业意识、创新创业能力与创新创业精神。本质必须契合独特的区域商业文化精神，构建一个更加合理、多维度、多层次的教育质量提升体系，借助于重庆本土优秀的企业和企业家之力，为重庆培育出更多具有渝商精神的大学生，从而有效提升其创新创业素质和能力。

---

① 陈亚南. 论新桂商精神融入学生创新创业培养全过程的路径——以南宁学院为例 [J]. 沿海企业与科技，2008（2）：78-81.

参考文献

［1］许倩，马国强，马世英. 创业教育，从培养企业家精神开始——以兰州大学"秩序"创业团队为例［J］. 出国与就业，2010 （19）：58-59.

［2］潘峰. 广西青年创业教育中社会企业家精神培育思考［J］. 广西科技师范学院学报，2014（3）：77-80.

［3］张莉鑫. 日本高校创业教育及企业家精神培养的分析与借鉴［J］. 北京教育（高教版），2015（11）：7-9.

［4］马德龙，钱胜. 温州大学生创业教育中企业家精神培育的实证研究——基于人格变量的视角［J］. 温州职业技术学院学报，2013，13（3）：38-42.

［5］刘春丽. 企业家精神教育模式下大学生创业团队的构建［J］. 经济研究导刊，2013（5）：48-49.

［6］李璐. 创业文化、创业教育与大学生创业意愿关系研究——以天津地区为例［D］. 天津：天津大学，2011.

［7］李晓凤. 浅议区域文化背景下的高校创业教育［J］. 经济研究导刊，2013（29）：87-88.

［8］于建秀. 保定市高校创新创业教育文化环境创建探究［J］.

保定学院学报，2013（3）：102-106.

[9] 马永斌，柏喆. 大学生创新创业教育的实践模式研究与探索 [J]. 清华大学教育研究，2015（6）：99-103.

[10] 王占仁. 中国高校创新创业教育的学科化特性与发展取向研究 [J]. 教育研究，2016（3）：56-63.

[11] 杨晓慧. 我国高校创业教育与创新型人才培养研究 [J]. 中国高教研究，2015（1）：39-44.

[12] 孙小涵. 基于大众创业万众创新理念创新创业人才培养体系研究 [J]. 中国战略新兴产业，2018（9）：10-11.

[13] 杜刚，李亚光. "大众创业万众创新"背景下高校创业人才培养模式研究 [J]. 时代金融，2015（14）：174-175.

[14] 刘迎秋，吕风勇，毛健，等. "大众创业、万众创新"催生经济发展新动能 [J]. 国家行政学院学报，2016（6）：35-39.

[15] 姚霞. 我国高职院校创新创业教育实训基地建设研究 [J]. 兰州教育学院学报，2016，32（8）：122-124.

[16] 刘伟，邓志超. 我国大学创新创业教育的现状调查与政策建议——基于 8 所大学的抽样分析 [J]. 教育科学，2014，30（6）：79-84.

[17] 尚大军. 大学生创新创业教育的课程体系构建 [J]. 教育探索，2015（9）：86-90.

[18] 杨亮. 创新创业教育的哲学解析与课程研究 [J]. 科技创新导报，2014（16）：126-127.

[19] 曹胜利. 创新创业教育呼唤模拟教学与体验式课程 [J]. 实验技术与管理，2009，26（8）：1-4.

［20］彭文博. 创新创业教育课程体系建设的探索与实践［J］. 创新与创业教育，2010，1（4）：55-57.

［21］刘带，陈莹. 创新创业教育课程体系建设研究——以韶关学院为例［J］. 韶关学院学报，2013，34（9）：180-182.

［22］肖涓. 对构建高校创新创业教育课程体系的探索［J］. 黑河学刊，2012（8）：152-153.

［23］许小花，张鸽. 高校创新创业教育及课程体系构建［J］. 中国电子教育，2012（1）：19-21.

［24］才忠喜. 高校创新创业教育课程建设的思考［J］. 学理论，2012（30）：168-169.

［25］周伟，黄祥芳. 高校创新创业教育课程体系研究［J］. 合作经济与科技，2012（16）：92-93.

［26］朱爱胜，许敏，俞林. 高职院校创新创业教育优化策略研究［J］. 江苏高教，2014（6）：120-121.

［27］郑瑞伦，翟晓川、唐靖云，等. 民办高校创新创业教育课程体系的构建与实践［J］. 西南师范大学学报（自然科学版），2012，37（9）：142-147.

［28］毛国涛. 浅析创新创业教育"1+N"课程体系构建［J］. 南昌教育学院学报，2011，26（5）：54-56.

［29］常国良. 融合视域下创新创业教育课程体系构建的思考——以黑龙江省高校教育学学科为例［J］. 继续教育研究，2013（12）：111-112.

［30］黄继磊，李军，刘春斌. "三元育人模式"下的创新创业教育课程体系构建与实践［J］. 今日财富（金融发展与监管），2011

（11）：223-224.

[31] 姜慧，殷惠光，徐孝昶. 高校个性化创新创业人才培养模式研究 [J]. 国家教育行政学院学报，2015（3）：27-31.

[32] 刘碧强. 美国高校创业型人才培养模式及其启示 [J]. 高校教育管理，2014，8（1）：71-80.

[33] 薛曦. 高校创新创业教育发展的困境及其突破路径 [J]. 中国成人教育，2018，446（13）：79-82.

[34] 周纯，王锋. 当代大学生创业的现实困境及对策 [J]. 黑龙江高教研究，2013，31（9）：107-109.

[35] 王庚. 高校创新创业教育的当下困境与路径选择 [J]. 华南师范大学学报（社会科学版），2015（6）：140-144.

[36] 郑晓. 高职院校创业教育困境与出路 [J]. 山东商业职业技术学院学报，2015，15（3）：72-75.

[37] 张士威. 新常态下地方本科高校创业教育的困境、成因及消解路径 [J]. 教育理论与实践，2015，35（33）：6-8.

[38] 李秋斌. 大学生创新创业教育基本模式和路径选择 [J]. 闽江学院学报，2014，35（1）：118-124.

[39] 李辉. 内涵发展视界下的大学生创新创业教育路向 [J]. 高教探索，2013（4）：133-136.

[40] 刘馨，帅彬，杨建. 大数据背景下地方高校社会学类专业创业教育模式探究 [J]. 中共乐山市委党校学报，2015，17（3）：108-110.

[41] 刘景毅. 高校大学生创业教育施教现状与优化策略 [J]. 新课程研究（中旬-双），2015（3）：18-19.

［42］许朗，贡意业.大学生创新创业教育模式探索——项目参与式创业教育［J］.学术论坛，2011，34（9）：213-217.

［43］季贵斌，卢嘉鑫.大学生创新创业教育模式分析［J］.社科纵横（新理论版），2013（3）：299-300.

［44］易伟义，余博.高校创业教育实践平台建设的思路和策略探讨［J］.湖南工程学院学报（社会科学版），2013，23（1）：98-100.

［45］边社辉，张京，袁立梅.大学生创业扶持体系的内容及其构建［J］.创新与创业教育，2012（1）：55-57.

［46］杨娟.创业教育服务体系构建研究［J］.中国青年社会科学，2012（2）：124-128.

［47］顾建国.大学生创业机制建构：高校与政府的作用［D］.南京：南京农业大学，2007.

［48］李长熙，张伟伟，李建楠.工科院校大学生创新创业教育平台构建与实践［J］.黑龙江高教研究，2014（4）：97-99.

［49］王丽娟，高志宏.大学生创新创业教育研究［J］.中国青年研究，2012（10）：96-99.

［50］唐根丽，王艳波.大学生创新创业能力培育路径研究［J］.四川理工学院学报（社会科学版），2011，26（3）：76-79.

［51］文丰安.地方高校大学生创新创业教育浅谈［J］.教育理论与实践，2011（15）：12-14.

［52］林晓婵，权明哲，王艺霏，等.黑龙江省宏观经济下大学生创新创业存在的问题及对策［J］.对外经贸，2014（10）：153-154.

[53] 孟祥敏. "三螺旋" 理论下大学生创业推进机制构建与对策研究 [J]. 高教学刊, 2015 (7)：6-7.

[54] 赵天睿. 以文化建设为引领打造创新创业教育新机制 [J]. 中国高校科技, 2017 (6)：88-89.

[55] 何孟原, 吴金秋. "融入式" 创新创业教育视阈下创新创业文化建设研究 [J]. 黑龙江教育 (理论与实践), 2014 (2)：64-65.

[56] 白勇. 黄奇帆盛赞渝商五个力量 [N]. 中华工商时报, 2013-04-02.

[57] 白勇. 渝商投资热衷抱团 [N]. 中华工商时报, 2013-10-21.

[58] 李志能, 郁义鸿, 罗博特·D. 希斯瑞克. 创业学 [M]. 上海：复旦大学出版社, 2006.

[59] 彼得·F·德鲁克. 创新与创业精神 [M]. 上海：上海人民出版社, 2002.

[60] 缪仁炳. 创业导向的文化根植 [M]. 上海：上海三联书店, 2006.

[61] 李世佼. 大学生创新创业教育体系的构建 [J]. 黑龙江高教研究, 2011 (9)：119-121.

[62] 管义锋, 高晖. 高等院校推进创新创业教育的现状与对策 [J]. 江苏开放大学学报, 2011 (6)：77-79.

[63] 刘东菊. 开展创业教育, 构建大学生创业人才培养模式 [J]. 扬州大学学报 (高教研究版), 2007, 11 (2)：67-70.

[64] 李天明. 渝商精神：深入文化深度 [N]. 广安日报, 2008-01-20.

［65］梅伟惠，徐小洲. 中国高校创业教育的发展难题与策略［J］. 教育研究，2009（4）：67-72.

［66］陈玉香. 高校创业教育的基本原则及实施策略［J］. 管理学刊，2008，21（2）：25-32.

［67］杨永超. 企业创新创业对高校创新创业教育的启示［J］. 哈尔滨职业技术学院学报，2011（5）：46-47.

［68］吴金秋. 高校推进创新创业教育的理念定位［N］. 中国教育报，2010-08-14.

［69］杨向荣，张恬. 创业教育人才培养模式的教育理念［J］. 中国冶金教育，2010（6）：11-12.

［70］黄兆信，张中秋，谈丹. 创业教育：大学生岗位胜任力培养的有效路径［J］. 高等工程教育研究，2016（1）：24-50.

［71］姜尚峰，王嘉铭. 高等教育学科前沿热点及关键高校研究机构分析［J］. 中国高教研究，2017（4）：15.

［72］姜伟. 论创业教育中教学实践化和评价的辩证统一［J］. 中国高等教育，2017（5）：49-52.

［73］陈寿灿，严毛新. 创业教育与专业教育融合的大商科创业型人才培养［J］. 中国高教研究，2017（8）：96-100.

［74］潘懋元，朱乐平. 以创新文化养人，以创业实践育才［J］. 中国高等教育，2017（8）：51-53.

［75］李明忠，任林芳. 我国高等教育研究热点透视与未来展望——基于2016年度人大复印报刊资料《高等教育》转载论文的分析［J］. 黑龙江高教研究，2017（7）：30-34.

［76］王占仁. 高校创新创业教育观念变革的整体构想［J］. 中

国高教研究, 2015 (7): 75-78.

[77] 万玺, 应晓跃. 国内创业教育发展对大学生企业家精神培育的启示 [J]. 重庆科技学院学报 (社会科学版), 2010 (22): 159-160.

[78] 牛欣欣. 基于区域特色的地方大学创业教育探析 [J]. 教育发展研究, 2014 (3): 56-60.

[79] 杰弗里·蒂蒙斯. 创业学 [M]. 周伟民, 吕长春, 译. 北京: 人民邮电出版社., 2005.

[80] 申恒运. 中美高校创业教育的比较研究 [D]. 温州: 温州大学, 2011.

[81] 何增光. 高校创新创业教育咋开展 [N]. 中国教育报, 2018-05-31.

[82] 王丹中. 起点·节点·重点: 高校创新创业教育内涵与路径 [J]. 职教论坛, 2015 (33): 27-30.

[83] 裴景涛, 李士国. 高职航海类专业加强创新创业教育的探索 [J]. 学园, 2018 (28): 175-176.

[84] 曲殿彬. 论创业的内涵、特性、类型及价值 [J]. 白城师范学院学报, 2011 (5): 91-93.

[85] 张彦. 高校创新创业教育的观念辨析与战略思考 [J]. 中国高等教育, 2010 (23): 45-46.

[86] 陈静. "大众创业万众创新" 热潮下高校商业文化建设的研究 [J]. 智库时代, 2018, 164 (48): 95-96.

[87] 褚又君. 湖商文化与地方高职院校创业教育融合研究——以湖州职院为例 [D]. 杭州: 浙江工业大学, 2017.

［88］王颖，李慧清.区域文化对大学生创业意愿影响的实证研究［J］.高等教育研究，2015（1）：17-22.

［89］黎鲲，周丽妤.创新创业教育中地域文化的渗透路径［J］.湖北开放职业学院学报，2018，31（24）：3-4.

［90］王耀成.筚路蓝缕玉汝于成［J］.宁波通讯，2014（14）：12-19.

［91］孟君.巴渝文化初探［J］.美术教育研究，2011（2）：19-21.

［92］黄燕.慢慢走感悟生活书写生活［J］.科学咨询（教育科研），2011（11）：24-25.

［93］陈捷.论民族精神、巴渝文化与重庆城市精神的培育［J］.新西部月刊，2007（7）：9-10. ′

［94］牛金成，陆静.以创业精神培育为主导的创业教育路径探析［J］.广州职业教育论坛，2013，12（1）：41-60.

［95］孔好为，冉迪金，刘加杰.试论科学发展观视角下大学生创业素质的培养［J］.学理论，2010（22）：226-227.

［96］张程.尹明善话渝商［J］.新财经，2008（11）：24-25.

［97］方瑞.徽商精神传承与高校创新创业文化生态构建［J］.河南商业高等专科学院学报，2016（6）：62-65.

［98］张智慧.渝商精神的科学分析［J］.中国科技纵横，2011（16）：91.

［99］王胜华，谢莎莎.运用赣商文化培育高职学生创新创业素养的研究［J］.现代农业研究，2018，35（11）：77-78.

［100］李沁蓉，冯玉芝.晋商文化对大学生创业教育的影响［J］.经营与管理，2016（1）：151-154.

[101] 杨一琼. 基于"浙商文化"的创新创业教育目标体系的构建与实践 [J]. 科技通报，2013（11）：224-230.

[102] 田寿永. 中华孝文化与创新创业文化融合的路径——湖北职业技术学院的"校创互转"育人模式 [J]. 领导科学论坛，2014（24）：38-40.

[103] 张玉利，杨俊. 国外企业家精神教育及其对我们的启示 [J]. 中国地质大学学报（社会科学版），2004，4（4）：22-27.

[104] 施素娇. 温商创业精神引领下的大学生创业教育探究 [D]. 金华：浙江师范大学，2011.

[105] 李立军，崔伟，李俊芳，等. 浅析三峡大学创新创业人才培养的路径研究——基于对浙江大学等六所高校调研报告 [J]. 教育教学论坛，2019，399（5）：94-95.

[106] 陈亚南. 论新桂商精神融入学生创新创业能力培养全过程的路径——以南宁学院为例 [J]. 沿海企业与科技，2018，182（1）：80-83.

附录　重庆地方高校大学生创新创业项目实例："律管家高校云端法律服务平台"创新创业项目商业策划书

"律管家高校云端法律服务平台"（以下简称"律管家"）是中国高校云端法律援助中心暨中国大学生综合法律服务平台的首创者，通过服务外包的形式，专注为高校打造实时的网络法律援助中心。平台以律师事务所为依托，以大学生群体为受众，利用互联网和大数据为大学生提供法律咨询、法律诊断、紧急法律救援、风险企业定向追踪、维权培训等服务，通过事前法律分析、事中定向引导、事后紧急维权，结合平台设置的预警系统为高校构建 24 小时校园法律风险防控体系，并为学生已经遭受的现实损害提供法律诊断、委托谈判、发送律师函、委托诉讼等服务以及为学生更为专业的法律需要提供合同起草与风险排查、公司设立、专利申请与权利维护、公司架构梳理等法律服务，一站式解决学生在校期间可能遭遇的法律风险，帮助大学生了解法律知识，掌握实用的法律技能，规避法律风险，增强法律意识，妥善处理在学习、生活、就业过程中遇到的法律问题，提升学生对校方服务的满意度及认可度，切实践行"依法治校"的号召，提升该校的综合软实力以及社会影响力。本平台已与众多律师事务所的律师形成良好的合作关系，目前已经在为两所高校提供试点运行服务，前景可观。

一、平台设立背景

（一）社会环境背景

在党的十九大报告中，习近平总书记提出了积极发展社会主义民主政治，推进全面依法治国。科学立法、严格执法、公正司法、全民守法深入推进，法治国家、法治政府、法治社会建设相互促进，中国特色社会主义法治体系日益完善，全社会法治观念明显增强。

实现依法治国，建设社会主义法治国家的目标，要求各个行业、领域都要实现依法治理。学校作为具有公共管理职能的社会组织，需要按照法律至上、保障权利、制约权力的原则，实行依法治校。依法治校是建设现代学校制度、构建新型政校关系的根本保证。建设现代学校制度要求实现政府与学校之间、学校与社会之间以及学校内部的依法治理，使学校真正成为独立的办学主体，实现依法自主发展和自我监督。学校必须通过依法治校，切实转变办学和管理的理念、思路、方式与手段，为建设现代学校制度奠定坚实的基础。依法治校是完善学校内部治理结构、提高管理水平与效益、办人民满意的大学的迫切需要。

（二）校园背景

维护校园安全稳定、构建和谐校园是国家和人民对高校建设的基本要求。高校作为知识形成、文化传承的主要育人场所，是青年人的聚集地，也是政治稳定的晴雨表，从来都是安全稳定的敏感区域。高校的稳定是关系整个社会稳定大局的关键，不仅关系到高校自身的建设和发展，还关系到国家的政治稳定和社会长治久安的实现。维护高校的安全稳定，对实现高等教育改革与发展的各项目标、维护全社会的稳定，都具有十分重要的意义。

随着高等教育的快速发展和高校体制改革的推进，高校办学规模不断扩大化，学校校区逐步郊区化，后勤管理日趋社会化，高校与社会之间的联系日益紧密，高校的开放程度也在不断加大，影响高校校园政治稳定的因素明显增多，针对高校及高校学生的刑事、治安案件屡有发生，校园及周边治安环境、社会环境日益复杂，高校的安全稳定工作日益面临着严峻的挑战。当代大学生大部分都是独生子女，虽然在生理上已经成熟，但是在心理上往往还不够成熟，如理想、目标不明确，人生观、价值观不健全，为人处事不当等，这些都是影响校园安全稳定的内因，目前绝大部分大学生安全防范意识相对淡薄，自我防卫知识比较缺乏，无法成熟应对纷繁复杂的安全隐患问题。也就是说，大学生在校园安全稳定工作方面的主体性要求与其实际的安全意识与技能存在矛盾。

因此，加强大学生安全教育，增强安全意识，普及安全知识，提高防范能力，是确保校园安全稳定的可靠保障；丰富管理手段，更好地完善教育，营造良好的育人环境，也是构建和谐育人环境的必然要求。

（三）群体背景

近年来，高校学生权益受侵害情况十分严峻；以校园贷款、校园诈骗为主的一系列校园侵权问题给校园安全稳定的生态带来严重影响。据国家统计局统计，2017 年高校毕业生总量接近 800 万人，创历史新高。其中有很大占比的大学生在校期间都遇到过各种校园侵权事件，并且未能得到切实解决，甚至还包含造成重大社会不良影响的案件。由此可见，对高校学生进行法律知识宣传、提供法律服务、保护其合法权益、增强法律意识是必不可少的环节。

（四）技术背景

当前世界政治、经济、文化已经进入大数据时代，大数据具有"4V"特征，即准确（Veracity）、高速（Velocity）、体量（Volume）、多样（Variety）。从海量数据中获取有价值的信息需要多种数据挖掘技术、分析工具和模型方法的支持。互联网时代已经不可逆转，电子商务的运用也变得必不可少，"律管家"应当抓住机遇，创建一个将法律（文化）、教育、经济、社会、科技发展紧密结合的专业性平台。改变以往仅局限于实体律所的局面，以一种新型的"互联网+"发展模式，运用电子商务技术来为高校大学生提供更多、更好的法律服务。

二、市场调研及分析

（一）需求对象——高校、律师

1. 高校

本项目组走访了重庆工商大学会计学院、财政金融学院、旅游管理与国土资源学院等共 8 个内设学院、重庆工商大学融智学院、重庆交通大学部分学院负责学生工作的责任人，对高校学生工作管理者对学校自设学生法律援助中心的难度、外包设立法律援助中心的需求进行了了解。同时对部分高校相关职能部门的管理者发放了纸质调查问卷，在回收的意见中，学校管理者对本项目的改革机制给予了积极评价。所有受访者均认为本项目的实施能够提升学生的自我保护意识，提高学生对高校的满意度，对维护校园安全稳定、构建法治校园起到实际作用，在此基础上众领导还对本项目的实施提出了优化意见。

部分院校领导有意进一步在其学院、学校就本项目进行试点，并进行了意向性统计，为本项目的实施提供了需求市场的支撑。且认为本项目能够提升学生的自我保护意识，提高学生对高校的满意度，对维护校园安全稳定、构建法治校园起到实际作用，均有意愿通过付费的形式购买服务，并对服务项目进行了预估报价，具有较大的盈利空间；部分院领导还对该平台的前景做出了可观预测，并提出了诸如共建心理咨询与法律咨询平台的建议。此外，该项目将依托重庆工商大学融智学院和重庆工商大学法学院的平台成立，由重庆市相关高校、重庆市代表性律师事务所等企事业单位的具有一定影响力的专家学者组成顾问团队，负责项目指导、咨询、督导等事宜。从此数据反馈中可以看出，本项目的市场潜力是巨大的，前景是广阔的。

2. 律师

本项目组与重庆市律师协会仲裁专委会的主任陈之明律师进行了洽谈，陈律师对该平台的创意进行了积极的评价，并对该平台的发展前景做出了积极的预测。陈律师认为该平台具备律师、平台的双盈利空间，作为律师、律所的案源渠道，可吸引较多律师与平台进行合作，盈利空间较大。同时本项目组走访重庆市丽达律师事务所、重庆心助律师事务所、重庆索通律师事务所、重庆迈纵律师事务所等律所合伙人，对高校法律服务市场及律师服务意愿进行了了解。最终本平台与重庆丽达律师事务所、重庆心助律师事务所以及贵州省乾通律师事务所签订了合作协议。

（二）服务对象——学生及老师

1. 调查目的：调查重庆市高校学生对于法律服务平台的需求，做合理的市场分析，具体了解创建一个专为大学生服务的法律平台的需求。

2. 调查对象：重庆市内的高校学生及高校教师

3. 调查方式：电子问卷

4. 调查问卷类型：学生问卷和教师问卷

5. 调查周期：三个月

6. 问卷数：

学生问卷发出了 2 500 份，回收了 2 246 份有效问卷

教师问卷发出了 700 份，回收了 563 份有效问卷

7. 调查结果及分析：

（1）学生问卷结果数据反馈分析（抽取部分数据分析）

学生问卷的问题 6 调查了高校大学生对于法律的认知程度，有26.32%的高校大学生选择不是很了解法律，说明在调查的大学生中有较大数量的人不懂法，甚至没有法律意识，这是大学生意识薄弱的地方，高校在管理过程中应当采取措施来提高高校大学生的法律意识。其中高达 70.39%的学生选择懂得一部分法律知识但不会实际运用，说明当代高校大学生大部分还是具有一定的法律意识的，但

是实际运用能力不强，需要学校开展相关的实战性法律宣传，提高大学生自己处理法律问题的能力，以保护自身合法权益。

学生问卷的问题 7 询问了是否遇到过相关的法律问题，其中56.87%的高校大学生选择了中介诈骗（就业/兼职），说明大部分学生在进入大学后都会想要凭借自己的能力做兼职工作赚取零花钱，但目前兼职市场存在信息虚假、良莠不齐的情况，导致中介诈骗问题高发。学校应该加大对校外兼职同学的法律意识培训，以保护其自身的合法权益，并且对入驻校园宣传的兼职机构加以管理和认证其是否合法。其中 40.07%的高校大学生选择了购买过质量不合格的产品危害健康，不管是在高校食堂，还是在超市，经常会见到、买到质量不过关的产品或者过期产品，这种情况下大学生应该学会运用法律知识来保护自身的合法权益。

学生问卷的问题 9 问及了高校大学生在生活中每学期遇到的法律问题的频率为多少，每学期会遇到法律问题的学生比例高于不会遇到法律问题的学生比例，说明法律问题在学生群体中发生频率高，同时高校存在许多的管理风险，学校应该采取措施提高大学生的法律意识，降低大学生遇到法律问题的频率。

在学生问卷的问题 10 中，问及了高校大学生在遇到相关法律问题时寻求帮助的途径是什么，其中 64.28%的学生选择了辅导员，64.04%的学生选择了家长，66.27%的学生选择了身边的朋友，这三种途径均超过了 50%，占据了大部分比例，由此可见，大学生在遇到相关法律问题时第一时间都会咨询辅导员、父母等。然而他们并不是法律专业人士，也不懂得如何运用法律解决相关问题，所以高校应当加强对辅导员等在校老师的法律知识培训，以培养其解决基本学生法律问题的能力。学校应当加大学习法律知识的宣传力度，让法律知识普及其学生及亲属圈。

在学生问卷的问题 13 中，当问及在兼职或实习期间是否遇到过法律问题时，大部分学生认为自己在就业方面有过法律问题，其中选择未签订任何书面协议的人数最多，比例最高，高达 43.95%。还有超过 20% 的学生都选择公司不支付、拖欠或克扣工资的情况、要求支付保证金、中介收取高额费用等情况。由此可见，大学生在兼职或实习过程中，法律意识淡薄，不能够切实地保护自身的合法权益，高校应当重视这点，有针对性地对大学生进行法律知识宣传，并提供就业法律援助。

在学生问卷的问题 15 中，当被问及在读期间，学校是否进行过任何法律知识宣传或者法律讲座时，仍然有 30.79% 的大学生选择了否。由此可见，部分高校在普及法律知识教育方面做的还不够到位，甚至连最基本的法律知识讲座或法律知识宣传都未能进行，何况提供实用性的法律知识讲座。所以本平台的创建十分有必要，既能够协助高校提供实战性的法律讲座，还能够给高校大学生提供相应的法律服务。

在学生问卷的问题 16 中，当被问及对于学校或相关部门组织法制宣传活动或讲座的学生感受时，22.56% 的学生认为太形式化而没有意义，说明当前高校宣传普法知识的形式过于单一、内容过于枯燥，高校应该转变宣传方式。有 52.64% 的学生认为能够学到一些东西，从中可以看出大部分学生对于法律宣传活动或讲座并没有太大的排斥，本项目组认为可以从此窗口入手推广实用性或者有趣的法律知识，从而提高大学生的法律意识。其中有 11.63% 的学生没有参加过法制宣传活动或者讲座，说明小部分大学生不在意法律知识，法律意识薄弱。

在学生问卷的问题 17～19 中，当被问及是否愿意接受学校关于大学生就业案例、法律自救指南相关的推送时，有 87.43% 的学生选择了愿意，说明大学生对于就业案例、法律自救等知识还是十分关注的，法律知识具有很大的推广市场。当被问及是否愿意接受高校提供的实战法律技能的讲座时，高达 91.07% 的学生选择了愿意，可以看出大学生对于法律实战运用知识十分地渴求，而实战性法律讲座必将是大学宣传法律的一种趋势。由此可见，本平台的开发具有相当实用性。当被问及是否愿意高校在自身权利受到侵害的第一时间提供云端法律援助时，几乎百分之百的学生选择了愿意，比例之大，由此可见本平台创建的必要性。

（2）教师问卷结果数据反馈分析（抽取部分数据分析）

在教师问卷的问题 4 中，有 49.46% 的老师具有 15 年及以上教龄，具有丰富的教学经验，但是有 21.51% 的教师教龄在 5 年以下，教学经验欠缺，导致存在学生所遇问题无法有效解决。

在教师问卷的问题 5 中，当被问及是否遇到过学生寻求法律援助或者寻求解决涉及法律问题的途径时，有 55.91% 的老师遇到过，这足以说明大部分高校学生在校期间会遇到法律问题，并且主动向辅导员求助。在这种时候，如果辅导员自身的法律知识储备不足、教学经验不足，便不能给学生提供切实可行的解决办法，而本平台就能够发挥其作用，协助辅导员的教学工作，帮助高校更好地管理学生。

在教师问卷的问题 7 中，当问及老师是否解决了学生所遇法律问题时，仍然有 30.11% 的老师只靠自身没有真正地解决学生所遇法律问题，一方面说明老师不具备解决法律问题的能力，另一方面也说明十分需要创建一个法律服务平台，来协助老师解决学生遇到的法律问题。

在教师问卷的问题 8 中，当被问及其任教高校是否进行过任何法律知识宣传或者法律讲座时，大部分老师认为进行过法律知识宣传和法律讲座，说明大部分高校还是比较重视对法律知识的宣传。但是仍然有 18.28% 的老师认为其高校没有进行过任何法律知识宣传和法律讲座。本平台不仅可以提供法律讲座，推送法律案例，还能给高校学生提供法律咨询，帮助其解决法律问题。

在教师问卷的问题 9 中，当被问及其任职的高校为学生提供实战法律技能的讲座，是否对其工作有益时，有 94.62% 的老师认为实战性讲座有利于帮助自己管理学生，说明了开展实战性法律讲座的必要性。

在教师问卷的问题 10 中，当问及其任教的高校在学生权利受到侵害的第一时间提供云端法律援助平台服务，是否有必要时，高达 98.92% 的老师认为有必要，说明本平台创建对于老师来讲，是个很有益的项目。

在教师问卷的问题 11 中，当被问及其是否愿意通过该平台掌握学生面临的法律问题及由此产生的心理问题时，有 94.62% 的老师愿意，足以证明本平台可以在后续拓展业务时，将学生的心理管理问题纳入本平台。

（三）竞争者

在国内，目前与"律管家"平台性质类似的平台已有西政法律援助平台和蒲公英教育法律研究中心等。西政法律援助平台的服务对象是社会上的所有人，其本身是集社会公益法律援助机构、大学生法学教育平台、大学生社会实践社团三位于一体的志愿服务组织，并且此机构的律师是西政的法学学生。蒲公英教育法律研究中心的服务对象是高校，围绕校园安全、学校治理、民办学校分类登记、教育投融资等学校法律风险高发领域，经过潜心研究和探索，构建了包含风险体检、法律培训、分类登记等服务内容在内的教育法律风险防控产品体系，致力于为学校提供一流的法律风控管家服务，中心的研究员是由高校法学教师和资深律师组成，大多都拥有教育和法律的双重背景。

而"律管家"高校云端法律服务平台的服务对象是高校，由高校构建，学生主动参与。在线上利用互联网和大数据为大学生提供法律咨询、法律诊断等服务，在线下提供学生法律知识实用性讲座、教师紧急法律培训以及学生若有需要，可为其提供委托谈判、委托诉讼等服务，一站式解决大学生在校期间可能遭遇的法律风险，为高校构建24小时校园法律风险防控体系。"律管家"平台的律师是经过公司法律业务部细致筛选的，并建立了"律管家"精英律师联盟。

（四）政府政策扶持

本项目组联系到重庆市社会保险局稽核管理处、重庆市司法局公证处暨普法办公室、重庆市教委法制处的相关负责人，分别进行了当面洽谈，受访者均赞赏本项目的创意，并认为有很大的可行性，表示该平台聚拢的大学生群体可作为人社局、司法局、教委普法阵地，利用该平台可实现对高校大学生群体劳动法、劳动合同法、社保法、刑法、民法等系列法律的普及目的，提升在校大学生的法律意识，并表示此平台可通过申请教委项目等形式寻求政府的资金扶持。

另外，教育部于 2018 年 1 月发布的《关于做好 2018 年度教育部人文社会科学研究一般项目申报工作的通知》明确提出，各高校可以根据实际情况，由指导老师带领本小组申报项目资助额度（不超过 10 万元），由此可见在发展前期有强大的资金来源来运行本项目。

（五）市场环境分析

1. 互联网发展趋势

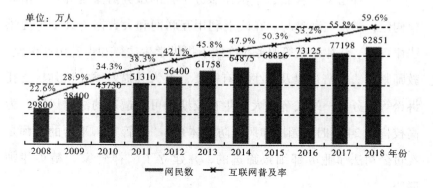

图 1　网民规模和互联网普及率

（资料来源：中国互联网络发展状况统计调查）

截至 2018 年 12 月，我国的网民规模约为 8. 29 亿人，全年新增网民达 5 653 万人，互联网普及率达 59. 6%，较 2017 年年底提升了 3. 8%，因此"律管家"通过网络的形式展现出来符合社会的发展趋势，为律管家的客户来源提供了一定的保障。

我国的手机网民规模达 8.17 亿人，全年新增手机网民达 6 433 万人；网民中使用手机上网的比例由 2017 年年底的 97.5% 提升至 2018 年年底的 98.6%，手机上网已成为网民最常用的上网渠道之一。而且微信朋友圈社交应用的使用率占比最高，也能为"律管家"平台的宣传提供一定的支撑。

2. 社会消费的发展趋势

2011—2017 年中国社会消费品零售总额从 18.4 万亿元增长至 36.6 万亿元，年增长率保持在 10% 以上，2018 年超过 40 万亿元。未来几年，中国零售市场的整体发展环境较好，社会消费品零售总额将继续平稳上升。

三、平台介绍与服务

"律管家"系列产品全部由团队内部成员开发完成并享有 100% 的自主知识产权，对于产品中的独有技术，"律管家"将以申请专利的方式加以保护。

（一）平台介绍

"律管家"是高校云端法律援助中心的首创者，专注为高校打造实时的网络法律援助中心，针对高校解决学生法律问题人力资源缺乏的现状，以服务外包的形式，利用互联网和大数据为高校学生提供法律咨询、法律诊断、风险企业定向追踪等服务，通过事前法律分析、事中定向引导、事发紧急维权，并结合平台设置的风险预警系统，为高校构建 24 小时校园法律风险防控体系的一站式高校法律服务平台

1. 平台简介

名称：律管家·高校云端法律服务平台

原则：依法治校、构建和谐稳定校园，以学生为中心

对象：在校大学生

目的：创造安全稳定的校园环境

2. 平台宗旨

创造全天候的安全稳定的校园环境。

利用高校积极引导、学生主动参与的形式，搭建律管家高校云端法律服务援助中心，让学生自己发现校园生活中的法律问题。

3. 平台理念

让每一个学生都拥有自己的专属律师，创造性地与未完全开发的律师资源相结合。

4. 平台目标

成为覆盖全社会多领域法律问题的专业平台。在完成重庆范围高校覆盖的基础上实施跨省战略，通过与当地律师资源整合形成当地律管家精英律师联盟，实现本地律师服务本地高校的目标，最终达到各省联动、覆盖全国的效果。

（二）平台架构

1. 项目平台的总体结构

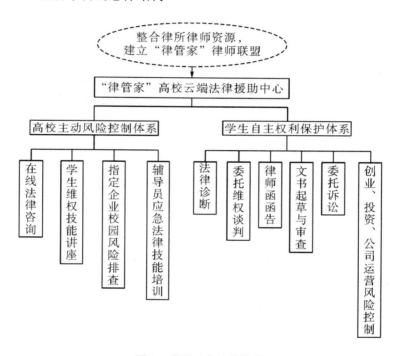

图2　项目平台总体结构

（1）"律管家"的服务包含两大版块：高校主动风险控制体系和学生自主权利保护体系，其中高校主动风险控制体系中的服务是"律管家"的基本服务，学生自主权利保护体系中的服务是"律管家"的附加服务。"律管家"以高校主动风险控制体系为突破点，给高校主动搭建起"四位一体"的风险防控体系，包含在线法律咨询、学生维权技能讲座、指定企业校园风险排查和辅导员应急法律技能培训，在此基础上，学生使用学校购买的免费服务，在日常生活中会产生更多的问题，因而有更多的需求，所以"律管家"搭建了学生自主权利保护体系，其中包括法律诊断、委托维权谈判、律师函函告、文书起草与审查、委托诉讼和创业、投资、公司运营风险控制。

（2）为了实现以上服务，平台筛选整合了律师资源，以重庆丽达律师事务所（全国优秀律师事务所）、心助律师事务所（重庆精品律师事务所）、乾通律师事务所（贵州精品律师事务所）为核心团队，整合重庆市律师界各领域的律师精英而形成了精英联盟。

本平台的优势在于，"律管家"的线上咨询服务人员均是具有专业的法律知识储备的各律师事务所的精英律师，且有着丰富的工作经验，业务涵盖多行多业，能够及时地为咨询本平台的大学生提供优质的法律咨询服务。

在网站中，"律管家"设置直接可以看到律师呈现在线、忙碌、离线等状态，并且能够看到高校学生对该律师的满意度评分，咨询后进行律师服务满意度打分，以及能够直接查询到目前有几人正在排队中。

2. 网站展示如下

（1）网站首页

"律管家"是高校云端法律援助中心，24 小时风险控制专家。在百度中搜索相应的关键词，跳转到"律管家"平台的官方网站，可以直接输入称呼、电话以及进行法律问题描述，"律管家"的平台客服会在看到消息的第一时间进行回复。同时设置了援助中心入口，即学生所在的高校已经购买了法律咨询服务，可以直接点击进入咨询。以上服务均为高校付费服务，学生可免费使用咨询服务（见图3）。

图3　网站首页顶端

（2）登录界面

在网站封面点击援助中心入口以后，直接跳转到登录界面。为了便于高校管理学生，高校在购买本平台的服务后，可直接将高校学生学籍信息搭建在本平台，录入各高校学生信息，学生通过用户名为学号、密码为身份证后六位的形式，可以直接登录本界面，进行免费的法律咨询服务。如果学生所在的高校未购买本项服务，高校学生也可以通过联系客服的方式，成为会员或于自费区购买服务，从而达到覆盖面更广的效果。

（3）反问模式下引发学生的反思

在图4中，"律管家"通过设计反问句的形式来吸引高校学生的兴趣，首先进入眼球的是利用"互联网+"，实时监控学生的校园风险。设问：校园贷有什么风险？平台利息过高，合法吗？工作单位不和我签订劳动合同，该怎么办？合同签了，对方不履行，该怎么办？遇到隐形消费怎么办？我要付款吗？如何鉴别培训诈骗？就业诈骗？网络诈骗？创业期间涉及哪些法律问题？如何解决？父亲家暴，母亲和我，应该怎么办？购买的食物有质量问题，可以要求赔偿吗？涉嫌刑事犯罪被公安机关拘留，应该怎样合法保护我应有的权利？

以上问题均是大学生在生活、学习、工作中常常会遇到的法律问题，大学生却因为法律意识薄弱，并没有引起足够的重视。但是只要学生来"律管家"平台咨询，看到此版块，对于一些比较明显的侵权行为，便能够马上辨识到自己正在遭遇的法律问题，并且能够及时根据自身的实际情况进行相关的法律咨询，以保障自身的合法权益。

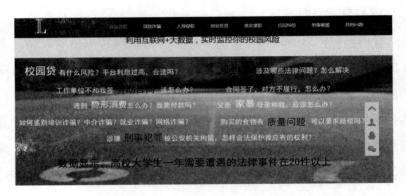

图 4 平台首页底端

3. 微信公众号

（1）法律校园：在此版块中，包含了法律咨询、心理咨询、法律讲座、讲座公告等模块。各高校学生能够在遇到问题时，及时地进行法律咨询、心理咨询，本平台的工作人员 24 小时在线，全天候为高校学生提供服务。定时地针对不同的年级（大一、大二、大三、大四）开展相关的法律讲座，尤其是在大一刚进校时就开展相关的法律知识讲座，树立相关的法律意识，为后续增强法律意识打好基础。"律管家"会以法律公告的形式，进行告知法律讲座的具体内容，学生可根据自身的具体情况选择性地前往。

（2）法律集结：在此版块中，包含了法律在线、律师简介、法律案例、普法知识推送等模块。本平台会定期推送普法知识，让高校学生在了解基本的法律知识、树立法律意识以后，再通过不断地接收普法知识增强法律意识。另外定期推送相关的法律案件，让高校学生通过法律案件，来增强法律意识，从而使之掌握遇到此类法律案件时的解决办法。在律师简介模块，可以让高校学生清楚地了解到律师所擅长的不同领域，从而有针对性地咨询相关律师自己所遇到的法律问题。法律在线模块，能够让高校学生直接了解到线上最新的法律知识，类似最新的诈骗手段，能够让高校学生及时地规避风险。

（3）个人中心：在此版块中，包含了个人信息、信息加密模块。个人信息模块是为了让本平台进一步了解学生的具体情况，从而有针对性地提出学生所遇问题的解决方案，让学生能够运用正确的手段来维护自己的合法权益。信息加密模块，主要是针对比较敏感个人信息被他人或学校知道的同学，可以申请此功能的保护，让自己的信息被进一步地保护，使其不被泄露。

四、服务描述

（一）服务种类

表1 "律管家"提供的服务种类

服务种类	高校主动风险控制体系	学生自主权利保护体系
服务内容明细	在线法律咨询	法律诊断
	学生维权技能讲座	委托维权谈判
	指定企业校园风险排查	律师函函告
	辅导员应急法律技能培训	文书起草与审查
		委托诉讼
		创业、投资、公司运营风险控制

1. 单项法律服务

（1）法律咨询：由专职律师提供在线网络法律咨询半小时，对日常生活、就业兼职、创业等活动中可能影响个人、公司权益的各类事件进行风险预估；对已经进行的各类事件中的参与各方行为的合法性进行评估，分析事件中可能遭受的不良法律后果；对已经遭受法律侵害的事件提供紧急维权指导，最大限度地控制损失；对造成他人损害的事件提供紧急指导，以保证己方的正当权益。

（2）法律诊断：执业律师与您进行面对面系统的法律咨询，对您可能遭受（造成）或已经遭受（造成）他方（己方）侵害的事件，分析事件的法律性质、后果、各方责任、涉诉概率等；对现有证据的完整度进行分析，对收集、补充证据、完善证据链条提出建议，并提供行动决策建议。

（3）（集体）委托谈判：当您遭受诈骗行为、隐性消费、产品食品质量问题、就业兼职欠薪、欠款不还等问题而产生额外支出或难以收回部分费用时，可委托执业律师代为与侵权方进行维权谈判，索取应退还费用。

（4）发送律师函：对侵犯人身权（名誉权、隐私权、生命健康权等）、公司或个人的财产权的行为，以律师事务所的名义要求对方立即停止侵害行为、要求对方对己方承担赔偿责任。

（5）合同起草与审查：买卖合同、技术合同、委托合同、加工合同、租赁合同、兼职合同、劳动合同等的起草与审查。

（6）起草涉诉文书：因涉及刑事、民事诉讼案件代为起草起诉状、答辩状、证据清单等涉诉文书。

（7）公司设立。

（8）知识产权保护申请。

（9）公司章程起草、公司架构梳理。

2. 套餐服务

（1）就业兼职维权套餐：法律咨询一次；法律诊断一次；律师函发送一次；

（2）创业套餐：

a. 公司日常运营管理咨询 5 次

b. 合同起草、审查 2 份（公司交易合同）

c. 公司章程制定

d. 公司架构梳理（合伙协议、发起人协议、股权转让协议、公司章程、公司管理制度、行政制度及文书、员工守则、股权激励方案）

（3）委托诉讼服务

委托诉讼因严重侵权行为，遭受人身、财产、精神损失，可委托本平台律师提起诉讼；因被他人起诉，可委托本平台律师代为应诉。涉及的服务包括：诉前咨询；诉讼文书起草；诉前准备；应诉；执行等。

（4）刑事救援（提供给被告的服务）：因涉嫌犯罪被公安机关采取强制措施、被提起公诉、刑事自诉，为犯罪嫌疑人、被告提供法律咨询服务，提供法律帮助，全程跟踪诉讼程序进度，以保护当事人的合法权益。

（5）提供给被害人的服务：他人严重侵害自身权益被提起公诉的，代被害人提起刑事附带民事诉讼，代理被害人或其家属参加庭审诉讼活动。侵害人行为为刑事自诉案件：收集证据材料、制作刑事起诉状。

（6）代理原告向法院提起刑事诉讼，办理立案手续。

（7）代理原告指控被告，参加庭审诉讼活动。

3. 包年服务

购买包年套餐，可享受全年咨询、各类文件起草、公司架构梳理不限次数服务

校园安全

法律咨询——为在校生在日常生活中遭遇的法律问题提供 24 小时及时的法律咨询，第一时间解决学生的法律问题

法律风险分析——帮助学生预判法律风险、可能遭受的损害（法律紧急救援）

法律诊断（证据分析、证据收集指引、诉讼指引）

法律维权（集体委托谈判、律师函函告、委托诉讼）

法律技能讲座

风险企业定点追踪

合同起草、审查

公司架构、管理制度设置

公司设立、商标申请

（二）服务流程

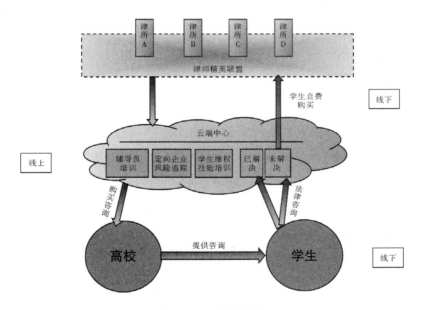

图 5　平台服务流程

五、平台特色及创新点

（一）项目特色

本项目紧随国家政策号召及"互联网+"时代变革，从实际出发，落实了以学生为中心的理念、办人民满意的高等教育的要求，完善了高校学生权利保护机制，确实将保护学生权益落到了实处，并有效增强了高校法律风险预防工作的预见性，对打造平安校园具有重要意义。本项目能够有效地将社会专业力量引入校园，在学生遭遇法律问题的第一时间提供切实有效的操作指引，帮助学生避免损失扩大，并通过大数据的分析，清晰地了解学生面临的主要法律问题和不稳定因素，在工作基础上，有针对性地开展工作，提高学生思想政治工作的有效性，为平安校园增加一项预警机制。

"互联网+"时代的到来，为现代人提供了更方便的生活、更宽广的视野、更多元的价值观，对大学生的思维模式、知识获取模式、行为模式也带来了巨大的改变。对于高校来说，教育对象的变革、校园环境的去象牙塔化也为高校提出了巨大的挑战。挑战之一是如何在没有围墙的校园环境中，提高学生应对复杂问题的能力，建立实用的救助机制，建设平安校园的问题；挑战之二是如何运用教育手段的现代化，以学生更喜闻乐见的方式，让学生接受更好和更高品质的法治教育的问题。

近年来，高校大学生出现需要法律救助的情况日益多发，如一些不法分子将黑手伸向高校学生，不断出现"校园贷""培训贷"等诸多陷阱，仅 2018 年的"培训贷"事件，全市涉及大学生达一千多人，给学校埋下了巨大的不稳定隐患，也为学生及其家庭带来了巨大的负担，影响了大学生的成长成才。

信息时代不可阻挡，高校必须乘势而上，用互联网思维，采取更顺应时代要求的方式，以创新的精神拥抱互联网时代的到来。本项目通过搭建互联网云端法律服务平台、律师事务所律师入驻平台向在校大学生提供全天候的在线咨询服务，随时随地解答学生可能遭受的、已经遭受的法律问题，在解决学生法律问题的同时，也为律师事务所提供了相应的案源，搭建了与学生客户之间的桥梁。同时学校购买服务的方式也有利于高校保护在校学生的合法权利。云端平台通过对数据的分析还可以为学校提供法律风险预警以及为决策部门提供立法建议，最终实现多方共赢。

（二）项目创新点

1. 服务群体的特殊性

本项目的服务群体针对高校学生群体。当前市场提供在线法律服务的平台如找法网、律云、法斗士等，并未细分客户群体，再者如快法务等平台则主要针对企业用户，因此专门针对高校学生群体的法律服务尚处于行业空白。

2. 项目的双向盈利性

本项目通过高校购买服务以及为律师提供稳定案源提成来实现双向盈利。法律服务平台是律师事务所与高校之间的沟通桥梁。通过本平台，可引导各专业律师针对学生客户提供具体诉讼服务，同时也有值班律师全天在线为学生客户提供咨询服务。区别于传统在线服务平台的单向盈利模式，双向盈利模式能够有助于本项目更长远地发展。

3. 项目的社会效应性

（1）法律服务平台具有盈利性，通过高校购买服务以及为律师提供稳定案源提成的途径来获取利润，以维持本平台的长远发展。同时，本平台也具有公益性，可解决高校学生群体的法律问题，有助于校园和谐及保护学生的合法利益。法律服务平台提供高校学生实践性法律讲座、高校辅导员法律知识培训等服务，有助于普法宣传、提高学生群体的维权意识。

（2）本平台在帮助解决学生法律问题的同时，可以完成对学生遭遇法律问题的数据统计，经过综合分析，可为未来政府针对高校突发法律事件立法提出切实的意见和建议。

六、推广及营销

"律管家"创新创业项目的目标市场包含高校及律所两大类。目前直接对接的是重庆市的各大高校以及专科和高职类院校，但间接的受众群体是各在校大学生，主要为其提供在线的相关法律服务。在完成高校学生群体用户群构建的基础上，可将该法律需求群向律师事务所提供业务对接端口。

（一）总体推广战略

1. 近期

（1）低价竞争策略进入市场：针对目前高校解决学生法律问题人力资源缺乏的现状、紧急的法律问题以及恶劣的社会影响，有针对性地提出"四位一体"的防控服务，采取低价模式换取高校通过辅导员、校内安全警示标志等对平台进行免费的推广，有利于实现高校学生的初步覆盖。

（2）地推网推结合，扩大学生受众并建库：线上可通过采用每日案例推送实用技能讲解的形式或微博等途径扩大宣传规模。线下可在校内组织相关活动，如采用节假日提供一些优惠券的形式吸引学生积极关注平台。同时在这个过程中整合学生使用的数据，扩大学生受众，并建立关于法律风险、常见问题、消费习惯等的学生数据库。

（3）利用数据库和学生流量吸引增值服务：通过对于学生建立的较全面的数据库可以更有力地吸引高校或其他的教育公司购买入驻律管家的平台，针对学生的需求开展丰富的课程与服务。同时强大的学生流量也会吸引相关企业在"律管家"平台进行广告宣传，从而为律管家带来多方面的增值收入。

2. 长期

（1）利用学生影响力辐射大学生背后的家庭成员，引导学生群体向家庭成员介绍使用本服务，在有一定认可度的基础上衍生出"律管家·家庭法律医生"，从紧随大学生进入社会的源头上扩散平台的影响力，并进入社会市场。

（2）随着学生进入不同领域、不同层面工作，推出"律管家·企业风控中心""律管家·法律顾问中心""律管家·税务中心"最终实现社会各领域的法律业务覆盖。

（3）在经过一段时间的社会沉淀后，平台应不仅局限于重庆市内，应实施跨省战略，覆盖全社会，多领域发展。最终达到各省联动，覆盖全国的效果。

（二）品牌推广

对外进行公司形象展示时，"律管家"平台有明确的品牌定位，拥有一系列专门设计的品牌宣传物，例如商标、名片、宣传册、展示板、邀请函等。

1. 商标

（1）律管家识别系统的基本元素包括标志规范、标志字规范、色彩规范以及应用。确保律管家在展示品牌时始终保持一致，将有助于律管家建立强势的品牌认知度和顾客忠诚度。

图6　"律管家"标志

（2）标志创意灵感

标志创意灵感来源于法律的发源地——罗马的代表性建筑物的罗马柱，配合 L 字母的剪影组合而成。L 既是中文"律"字的拼音字母又是英文 LAW 的首字母，点名了行业属性。标志色为蓝色，蓝色属于冷色，代表专业、权威、给人以信赖之感。

关键词：专属的、专业的、文化的、有历史背景的、行业属性强烈的、高辨识度。品牌形象聚焦，文化底蕴深厚，专属性强。

图7　"律管家"标志创意灵感来源

2. 名片

名片代表"律管家"的统一形象，它的设计简单明了，有"律管家"的 logo、地址，工作人员的名称、职位、邮箱、电话以及"律管家"公司官网的二维码。

图8　"律管家"名片

3. 宣传册

宣传册会对"律管家"公司进行介绍以及对公司所提供的业务进行详尽的介绍。

图 9   "律管家"宣传册

4. 展示板

展示板体现出"律管家"公司的项目与法律相关,秉承着公平、公正的原则为客户负责。

图 10   "律管家"展示板

5. 邀请函

邀请社会各界人士参加公司的活动,寄出印有公司 logo 的邀请函。

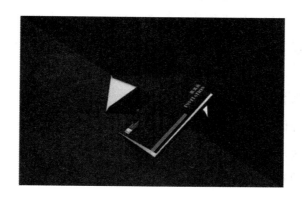

图11　"律管家"邀请函

在推广的过程中"律管家"会比较注重用户的口碑这一方面。大多数研究文献认为，口碑传播是市场中最强大的影响力之一，这种传播方式是人类最传统的，也是一种永远不会退出舞台、不会落后，一种不需要高成本投入而又成效显著的方法。口碑传播是一个被用户经常使用且深得用户信任的信息渠道。互联网核心的很多应用，都是通过口碑传播的结果，谷歌、腾讯、阿里巴巴都是这个方面的典型例子。

（三）竞价推广

"律管家"针对高校急需解决的学生问题，以低价的服务进入高校，作为高校的半官方机构，由高校进行宣传，大幅度地降低了平台推广的成本，因此可以利用低成本优势为客户提供价值。

（四）网上推广

（1）媒体软广告：通过平面媒体广告、电视广告、研讨会推广、软文广告以及投放广告到其他平台等方式，进一步加大对平台的宣传与品牌经营力度，通过实施品牌战略，使之成为行业内的著名品牌。

（2）微博、微信公众号：可以在微博以及微信等平台建立官方帐号，并每日推送一些案例和以漫画形式呈现的法律小知识，来吸引学生积极关注平台。

（3）直播平台或短视频 App：直播和短视频 App 都是当下火热、新颖的传播方式，受到了社会各界人士的密切关注，是许多年轻人追赶的潮流。"律管家"可以利用这一媒介，找一两位外形条件好的年轻律师在直播平台为同学们提供一些法律问题的解答，同时为平台做宣传。

（五）校园环境推广计划

1. 宣传语推广

"律管家"会合理地利用校园内的空间悬挂"律管家"的宣传标语，在校门口、教学楼及宿舍、食堂入口等人流量大的地方摆放一个展示牌，通过一些以小故事、漫画等形式来展现"律管家"的产品，同时也会提供二维码，让感兴趣或有这方面需求的同学可以加入进来，为其提供帮助。在获得学校同意的情况下"律管家"会定期发放宣传单，以提升"律管家"的受众群体。

2. 活动推广

（1）以校园为活动载体，凡在一个星期时间内成功推荐 20 位同校用户注册的，推荐人即可获得一年增值功能免费使用权，并获赠水杯、文化衫、太阳帽、纪念章等纪念奖品。

（2）与合作商家协同推出消费优惠券，平台内用户凭券可享受优惠折扣，同时在本地区散发或赠送消费优惠券。

（3）与时尚小食品、饮料、玩具等生产商、书刊出版商合作，共同印行宣传页，赠送积分点卡。

3. 讲座

（1）聘请律师进行校园义务演讲活动，增强同学们的法律意识，使其感受到法律的严谨并体会到这些切实可行的存在，同时免费向听众散发平台和产品宣传册、赠送积分点卡等。

（2）聘请专业的律师以讲座、专刊、专题论文等形式宣传本平台，具有共同参与、互动学习、终身教育的一站式发展应用功能。

（六）家庭影响力推广

利用学生影响力辐射大学生背后的家庭成员，引导学生群体向家庭成员介绍使用本服务，并在此基础上促使各家庭成员将本平台推荐给其朋友、同事，由此本平台的受众群体就不会只局限于部分高校，在有一定认可度的基础上推出"律管家·家庭法律医生"，从紧随大学生进入社会的源头上扩散平台的影响力，并且进入社会市场。

（七）应对客源流失问题

1. 服务打分

在客户进行咨询后会自动跳出一个窗口——对本次服务进行评分，评分标准分为非常满意、基本满意、不满意、非常不满意，当出现不满意及以下情况时会弹出窗口让其给出建议，只有在完成这两个步骤后方可退出网站。

2. 平台设计意见反馈窗

在"律管家"微信公众号以及网站的页面中都会有指定位置让客户给"律管家"提供建议，在"律管家"根据满意度较低的客户所提的意见做出整改后，会向其进行电话反馈，请其再体验一次，以提升"律管家"的形象。

3. 定期对使用服务者发放调查问卷

"律管家"每个季度会定期向做过咨询等服务的客户进行问卷调查，以了解其对律管家平台的满意度以及相关建议。

七、财务分析

（一）收入来源

"律管家"的收入来源主要分为三种：一是律师向学生提供法律援助服务，平台按比例抽取诉讼费，二是高校购买服务收入，三是学生自主维权收入。

1. 律师端

学生通过平台委托律师代理，平台按诉讼费的 30% 抽取提成。另外，律师为高校提供法律讲座和辅导员法律知识培训以换取平台稳定的案源。

2. 高校端

为高校打造"四位一体"的主动风险防控体系，即为高校提供以法律咨询为主，以辅导员培训、定向企业风险追踪、学生维权技能培训为辅的服务体系。按照本项目的发展情况，提出法律咨询有以下服务方案：

（1）单项服务

表2 "律管家"高校客户单项收费标准

服务类别	价格
法律咨询	30元/条
辅导员法律知识培训	5 000元/场
定向企业风险追踪	10 000元/次
学生维权技能培训	5 000元/次

（2）套餐服务

任意两项单项服务组合有9折优惠；任意三项单项服务组合有8.5折优惠；四项单项服务组合有8折优惠。

（3）个性化定制

根据学校需求为学校定制创业法律服务、安全法律服务或者其他定制服务套餐。

3. 学生端（学校未购买，学生个人购买）

（1）单项服务

表3 "律管家"学生客户单项服务收费标准

服务类别	价格
法律咨询	50元/次
法律诊断	150元/次
委托谈判	按收回价格的30%/人提成，最低不少于500元/次
涉诉文书起草	100元/次
合同起草与审查	200元/次

表3(续)

服务类别	价格
委托律师代理	5 000 元/次
发送律师函	300 元/次
公司设立	800 元/次
知识产权保护申请	1 500 元/类别
公司章程起草	200 元/次
公司架构梳理	200 元/份
用工风险排查	200 元/次
刑事救援	5 000 元/次

（2）套餐服务

表4 "律管家"学生客户套餐服务收费标准

套餐类别	套餐内容	价格
就业兼职维权套餐	法律咨询、法律诊断、律师函发送各1次	400 元
创业套餐	合同起草、审查各一次	400 元
	公司运营管理咨询5次	300 元

（3）包年服务

购买包年套餐，可享受全年咨询、各类文件起草、公司架构梳理不限次数服务。

（4）定制服务

根据学生需求为学生定制套餐服务。

（二）资金投入

1. 平台开发：在校寻找有技术的学生搭建平台，预计费用 15 000 元

2. 公司工商注册费：3 000 元

3. 商标设计：800 元

4. 申请专利费：3 000 元

5. 品牌设计费：15 000 元

6. 公司场地费：

表5　"律管家"办公场地费用预算

时间	场地费用
2018—2019 年	创业园入驻，免费的办公使用
2020 年后	租用办公楼面积 200m²，预计每年租金费为 163 800 元 两江新区财富大厦每月 65 元/m²；解放碑未来国际每月 80 元/m² 观音桥协信写字楼每月 73 元/m²；渝北区中渝都会每月 55 元/m²

7. 平台后期维护：

表6　"律管家"后期维护费用预算

平台流量	维护费用
平台流量 3 万人以下/月	每月预计维护费用 5 000 元
平台流量 3~6 万人/月	每月预计维护费用 10 000 元
平台流量 6~10 万人/月	每月预计维护费用 15 000 元

8. 平台推广：

表7　"律管家"推广费用预算

推广形式	推广费用
成员地推	交通费、餐饮费等，预计费用为 7 000 元
广告投放	在各媒体投放广告，5 年预计费用为 170 000 元

注：协助高校推广、二维码制作等费用为 1 000 元。

9. 聘请律师：第一年聘请专业律师 2 个、实习律师 5 个。

表 8 "律管家"聘请律师咨询费标准

律师类型	工资
专业律师	每条咨询提成 5 元
实习律师	每条咨询提成 2 元

10. 其他员工工资：财务人员等其他员工工资。

（三）盈利模式

"律管家"采取成本占优、速度领先、双向盈利和数据库模式。以低价的服务进入高校，由校方进行宣传，极大地降低了平台的宣传费用，"律管家"以信息化平台为链接，在高校学生和律师之间构建了沟通桥梁，对入驻的律师事务所和购买平台的高校收费，具有双向的盈利空间，平台首创 24 小时法律在线服务，能及时解决学生的问题，绑定学生用户群体，在提供服务的同时将对学生的消费习惯、风险类型等一系列数据进行收集整理，以形成自有的数据库。

1. 成本占优模式

高校的免费宣传是律管家得以成本占优的关键。"律管家"针对高校急需解决的学生问题，以低价的服务进入高校，作为高校的半官方机构，由高校进行宣传，大幅度地降低了平台的推广成本，因此可以利用低成本优势为客户提供价值。

2. 速度领先模式

服务响应的速度是平台得以胜出的关键，"律管家"平台首创法律咨询聊天室的形式，使律师能在学生呼叫两分钟内与之对接，立即提供专业的、详尽的法律分析，从而提升客户的满意度、稳定客户群体。

3. 双向盈利模式

平台可从服务需求方和服务提供方双向获取利润。高校购买服务的同时也可在学生所咨询问题形成案源时与律师进行分成，形成双向的盈利模式，获利空间大，存活能力强。

4. 数据处理模式

平台在为学生提供服务时将同时完成对学生的消费习惯、风险类型、心理问题等一系列数据的收集整理，以形成自有的数据库。该数据库及稳定的访问量将成为平台的重要盈利点。

（四）项目融资计划

第一年由团队成员自行出资，预计所有运行费用为 5 万元。

"律管家"已经找寻到投资公司进行投资，将包括技术、人力资源等方面投资。这些投资可用于下列目的：

1. 强化团队建设：努力建设互联网和专业知识人才一流的执行团队，积极为未来的机会着手准备。

2. 强化技术力量：主要集中在平台的后期维护和后期的模块开发。

预计在一年后进行第一轮融资，计划融资 50 万元，并面向外部转出 30% 的股份。

"律管家"的首轮融资（Preferred A）是投资公司在技术、人力资源等方面进行投资，"律管家"将出让20%的股份。这些资金将被用于平台建设、人才招聘、内容研发及模块开发、市场开拓等。

（五）静态财务指标分析

"律管家"通过对投资利润率、投资回收期和投资利税率、销售利润率、销售利税率等财务指标进行分析，从而对本平台的综合获利和收益能力拥有更进一步的认识。

1. 基本财务数据

表9　"律管家" 2018 年基本财务数据（模拟）　单位：元

营业收入	80 000	费用	28 800	总利润	51 200
现金流量	80 000				

注：已与重庆工商大学融智学院和重庆工商大学签订协议，形成了 8 万元的应收账款。

2. 预期资金利润率和投资回收期

（1）投资利润率

税后年利润按三年平均值 30 万元，项目投资额按 5 万元计算（按每年 10 000 条咨询量计算）。

投资利润率＝税后年利润/项目投资额×100% ＝ 30÷5×100% ＝600%

（2）投资回收期

税后年利润按三年平均值 30 万元计算。

投资回收期＝项目投资额/税后年利润＝5÷30＝0.6 年

实际投资回收期为 0.6 年。

（六）动态财务指标分析

本项目主要是以财务净现值、财务内部收益率进行财务动态指标评价。

1. 资产负债表

表10 "律管家"2018年资产负债表(模拟)

资产	行	年初数	本年金额	负债及所有者权益	行	年初数	本年金额
(一)流动资产	1	135 000	135 000	一、负债	30	–	
货币资金	2	55 000	55 000	(一)流动负债	31		
短期投资	3			短期借款	32		
应收账款	4	80 000	80 000	应付股利	33		
减:坏账准备	5			应付账款	34		
应收账款净额	6	–	–	预收账款	35	–	–
预付账款	7			应付工资	36		
其他应收款	8			应付福利费	37	–	
待摊费用	9			应交税金	38	5 100	5 100
存货	10			其他应交应付款	39	–	–
其中:材料	11				40		
商品	12			预提费用	41		
产品	13			其他应付款	42	–	–
				(二)长期负债	43		
物料用品	14				44		
包装物	15				45		
待处理资产损益	16				46		
(二)长期投资	17			二、所有者权益	47	100 000	100 000
	18						
(三)固定资产	19			实收资本	48	100 000	100 000
固定资产原值	20			其中:个人资本	49		–
减:累计折旧	21			其他法人资本	50		
固定资产净值	22			资本公积	51	–	–
	23			盈余公积	52	–	–
(四)无形资产和递延资产	24			其中:法定盈余公积	53	–	–
无形资产	25	18 000	18 000	公益金	54	–	–
研发支出	26			未分配利润	55		
递延资产	27			其中:本年利润	56		
	28			上年未分配利润	57	–	–
资产合计	29	153 000	153 000	负债及所有者权益合计	56	105 100 1	105 100
流动比率							

2. 损益表

表 11 "律管家" 2018 年损益表（模拟）

项目	行次	金 额 本年预期数	累计 去年同期数	金额 本年实际数
一、收入	1	300 000		—
1. 高校购买平台收入	2	200 000		—
2. 律师入驻平台收入	3	50 000		
3. 学生端收入	4	50 000		
二、成本	5	27 500		
1. 注册资本	6	3 000		
2. 平台搭建成本	7	15 000		
其中：平台维护费用	8	5 000		
3. 商标设计	9	800		
4. 品牌设计费	10	1 500		
三、营业税金及附加	11	51 000		
四、销售折扣与折让	12			
五、本年利润	13	221 500		
六、财务费用	14			
七、管理费用	15	5 000		
其中：无形资产摊销	16			
八、销售费用	17	34 000		
其中：广告费用	18	34 000		
九、营业利润	19			
加：投资收益	20			—
营业外收入	21			—
以前年度损益	22			—

表11(续)

财政补贴收入	23			
减：营业外支出	24			
十、利润总额	25	187 500		
减：所得税	26			
十一、税后净利润	27	187 500		

（七）财务管理制度

为规范项目财务管理，强化费用控制，确保项目财务正常运作和良性循环，根据公司章程和国家有关制度规章，特制定《律管家财务管理制度》。《律管家财务管理制度》是公司管理制度最重要、最基本的组成部分，严格执行、认真遵守公司财务制度是每一位员工的基本义务。基本内容如下：

1. 财务管理的职能和任务

确保公司财务正常运作和良性循环。财务管理部门要通过对公司资金收入、资金支出的认真分析、预测，编制每年、每季、每月、每周的资金运用或财务预算计划，对资金缺口提前做出准确的预测并提出解决资金缺口的方案，并及时报告经营管理层和董事会。

加强费用管理，严格控制不合理、不必要的费用支出。费用控制是确保公司财务正常运作、提高公司盈利水平的关键环节之一。财务管理部门要制订严格细致的费用控制制度和措施，控制不合理、不必要的费用支出。要通过与公司其他部门的反复交流和沟通，在全体员工中强化费用控制和盈亏分析的意识，促使员工自觉遵守公司的费用控制制度。

做好财务分析，为公司经营决策和管理提供及时准确的财务会计信息。财务管理部门要认真做好每年、每季、每月的财务分析报告，分析公司盈亏的原因，并提出相应的建议，并及时报告给经营管理班子和董事会。

依照国家财务会计的法律法规，编制符合国际规范的会计凭证和会计报表，妥善保管公司所有的财务会计资料。

同银行、政府部门等中介机构建立良好的合作关系。

与公司经营管理相关的其他财务会计方面的工作。

2. 财务管理部门岗位目标责任制

财务部门岗位目标责任制是公司财务部按照工作岗位建立的目标责任制度。岗位目标责任制度的设置原则是以责定权、责权分明、严格考核、有奖有惩。各岗位的财务会计人员在明确自己职责的前提下，要从整体利益出发、相互协作、紧密配合，做好各项财务工作，并为公司领导及时提供准确无误的财务信息。

3. 公司各项财务费用的内部控制

（1）范围与目的

本规定描述了员工在为公司服务时发生的有关差旅与日常费用等的标准与报销认可的程序步骤。

（2）内容

财务部负责审核员工报销的差旅及日常费用报告的准确性及是否符合公司有关规定。而部门主管要确认该费用是合理的、必要的、并与公司分配其业务是有关的，因此，差旅及日常费用经财务部及部门主管认可后方可报销，费用被确认的时间为一周以内。

八、风险分析

（一）风险分析及应对措施

1. 环境风险

（1）政策环境风险

国家宏观经济政策、经济环境的变动以及各地方的相关政策的变动会直接影响到企业资金的融入以及服务的销售面等企业运营的必要条件。

（2）政策风险应对措施

对目前环境进行评估，尽可能做到最大程度地预测，做好相应准备，且密切关注相关政策的变化并做出相应的调整。

2. 经营风险

（1）员工风险：

"律管家"一方面面临着吸引企业管理人才、技术人才、留住骨干力量的挑战，另一方面又面临着筛选团队精英律师的考验。

（2）员工风险应对措施：

"律管家"将采用签订签署协议的方式来增强人员的稳定性，公司有专门的法律业务部来对律师进行筛选，从而筛选出"律管家"需要的律师。

3. 技术风险

若平台的访问流量与律管家设置的平台可访问流量不符，则容易造成网络堵塞、无法访问平台的现象。

技术风险应对措施："律管家"会聘请专门的技术人员定期对网

站的访问流量进行重新评估，并对其进行维护，以保持网站运作状态的良好。

4. 管理风险

随着业务规模的增长，公司提升经营管理能力的压力越来越大，其中包括律管家有限公司对各个部门的管理可能存在管理上的失误，以及管理不到位等问题。

管理风险应对措施：建立完善的内部控制机制，明确各部门的职责，并加强监督；建立专业、全面的专家顾问团队来对公司的运营进行全方位的指导和咨询；积极的人才引进机制也将使得公司的决策不断完善，从而降低决策中的失误。

5. 市场风险及对策

（1）市场风险

①虽然高校购买了"律管家"的服务，但是学生用户关注并了解使用"律管家"还需要一段时间。在这段时间内，可能存在其他因素引起市场变化，例如其他新平台的出现，会吸引大家的关注，从而降低对"律管家"平台的关注。

②学生用户群体担心自己的隐私泄露，从而减少对本平台的使用度。

③对平台的信任度低。

（2）市场风险对策：

①进一步加强宣传"律管家"平台与其他同类型平台的不同之处，进行差异化竞争，突出特色功能以及特色化服务，争取更广阔的市场。

②向学生用户群体提出明确的观念，本平台只是会对学生咨询

的问题进行分类整理，反馈给学校，让校方知道学生的行为及心理，不会将学生的私人信息，例如学号、姓名等反馈，但是若学生如果有造成对自身、他人、社会重大人身财产损害的心理倾向，"律管家"则有义务向校方披露学生的信息。

③加强推广力度，首先本平台会有专业人士对入驻平台的律师进行筛选，然后组成"律管家"精英律师联盟，其次平台会向校方及学生给出讲师及顾问的真实信息，并同时通过在平台公开服务律师的律师执业证照等形式来增加本平台的可信度。

6. 财务风险

（1）债务结构不合理

一般来讲，企业的短期债务资金应当用于流动资产，更确切地说，应当与速冻资产保持一致，当企业偿还到期债务没有足够的现款时，可将变现能力强的流动资产变现后偿还债务。如果企业的短期债务比例过高，或者把短期借款资金投资于变现能力差的固定资产或其他长期资产，就会降低企业资产的流动性，从而影响短期偿债的能力。

（2）财务风险对策

①首先注意研究自由现金流量估值模型在企业价值评估中的应用。然后随着我国资本市场的不断完备，自由现金流量估值模型将会成为企业价值评估的主要方法，并为评估企业价值提供一个有效方法。

②加强企业财务风险控制

a. 筹资风险控制

在市场经济条件下，筹资活动是一个企业生产经营活动的起点，管理措施的失当会使筹集资金的使用效益具有很大的不确定性，由此产生筹资风险。企业筹资渠道有两大类：一是所有者投资，如增资扩股，对税后利润分配的再投资。二是借入资金。对于借入资金而言，企业在取得财务杠杆利益时，实行负债经营而借入资金，从而给企业带来丧失偿债能力的可能和收益的不确定性。筹资风险产生的具体原因有几个方面：由于利益波动而导致企业筹资成本加大的风险，或筹资了高于平均利息水平的资金，此外，还有资金组织和调度风险、经营风险、外汇风险等。因此，必须严格控制负债经营规模。

b. 资金回收风险控制

财务活动的重要环节是资金回收。应收账款是造成资金回收风险的重要方面，应收账款加速了现金流出。应收账款虽然使企业产生利润，但并未使企业的现金增加，反而企业还要使用流动资金去缴纳已产生的税款，加速现金流出。因此，对于应收账款的管理应在以下几个方面进行强化：

· 建立稳定的信用政策

· 确定客户的资信等级，评估其偿债能力

· 确定合理的应收账款比例

· 建立销售责任制

c. 收益分配风险控制

收益分配是企业财务循环的最后一个环节。收益分配包括留存收益和分配股息两个方面。留存收益是扩大投资规模来源，分配股息是股东财产扩大的要求，二者既相互联系又相互矛盾。企业如果想促使服务业务与销售的高速发展，则需要添置大量资产，并将税后利润大部分留用。但如果利润率很高，而股息分配水平如果过低，就可能影响企业的股票价值，由此形成企业收益分配上的风险。因此，必须注意两者之间的平衡，加强财务风险监测。

九、退出机制

一个企业发展战略所要解决的根本问题，不只要对企业所拥有的资源能够进行优化配置，还要在企业面临困境时能快速地做出正确反映。这就要求一个企业不只要思考如何进入市场，更要思考如何安全地退出市场。从当前的实际情况来看，随着后期的发展，如果出现企业盈利持续为负导致企业亏损较大、企业内部主要负责人全部退出、企业发展受外部政策制约不能继续经营等现象，将根据当时的具体情况，选择合适的退出方式退出，具体如下：

（一）不完全退出

1. 交由本校学生进行经营

通过承诺或者合同的方式，将律管家交给在校大学生团队或者相关组织进行经营。在对在校大学生进行一定的培训后全面交托，让该项目的理念文化得以在校内进行传承下去。

2. 交给托管公司进行托管

托管经营公司与企业所有者经过协商，通过契约方式，对律管家进行有偿经营。将企业经营者从企业要素中分离出来，使之成为新的独立的利益主体。同时聘请专业管理团队进行经营，以确保项目资产的收益率，并节约管理成本。

（二）完全退出

1. 品牌出售

通过对"律管家"品牌的出售，既可以立即让项目从公司中完全退出，也可以较快取得现金或可流通证券的利润分配，使企业可以获得一定的收益，最大程度地减小了该项目对公司带来的损失，在一定程度上也可以促进公司其他项目的发展。

2. 资产转让，退出投资

通过对"律管家"的协议转让，将其在技术、文化宣传等方面的投资全部转让给其他投资公司，完全退出对该项目的投资，以保证本企业的正常运营。

3. 破产清算

在律管家确认项目投资失败或成长太慢，不能获取预期回报后，便会果断退出，宣布破产进行清算，以减少损失，保证企业其他项目的正常运营。

十、团队管理

表 12　团队项目管理

时间	2018年4月	2018年5月	2018年6月	2018年7月	2018年8月	2018年9月	2018年10月至2019年1月	2019年2月至2018年8月	2019年9月至2020年1月	20年以后
项目定位										
项目创意	■									
团队组建	■									
可行性分析		■								
技术实现										

表12（续）

项目								
需求分析	■							
功能设计	■							
数据设计		■						
总体架构		■	■					
后台开发			■	■				
前台设计				■	■			
内部测试						■		
市场营销								
需求调查	■	■	■	■	■	■	■	■
市场分析	■	■	■	■				
获客渠道	■	■	■	■	■	■	■	■
稳定客源			■	■	■	■	■	■
营销策略		■	■		■	■		
宣传推广					■	■	■	■
财务融资								
财务计划	■							
一期融资						■	■	
后期融资								■
常规研究								
商业模式	■	■	■	■	■	■	■	■
企业文化	■	■	■	■	■	■	■	■
信用/支付	■	■	■	■	■	■	■	■
网络安全	■	■	■	■	■	■	■	■
前沿技术	■	■	■	■	■	■	■	■
团队管理	■	■	■	■	■	■	■	■

十一、调查问卷

（一）学生问卷

大学生对于法律服务需求的调查问卷

您好！我们是重庆工商大学融智学院的调查小组，现正在进行

221

一项关于大学生在校期间可能会遇到的相关法律问题的调查,您的
回答有助于我们了解当代大学生对于法律援助的需求。您所填的资
料仅供研究参考,绝不公开!现在,请您花费5~10分钟的时间认真
回答以下问题。非常感谢!

1. 您所在学校校名称是什么?〔填空题〕

_____

2. 您所在学校类型是什么?〔单选题〕

○普通高校

○独立学院

○211、985高校

○专科学校

○职高

○其他

3. 您的专业是什么?〔填空题〕

_____

4. 您所在的年级是?〔单选题〕

○大一

○大二

○大三

○大四

5. 您的性别是?〔单选题〕

○女生

○男生

6. 您对法律的认知程度?〔单选题〕

○不是很了解法律

○懂得一部分法律知识但不会实际运用

○能运用所学法律知识并解决实际问题

7. 您或者身边的朋友在校期间是否遇到过下列法律问题？［多选题］

○中介诈骗（就业/兼职）

○贷款诈骗

○校园高利贷

○购买质量不合格产品/食品导致身体受到伤害

○校园侵权（名誉权、人身侵权等）

○在校内外受伤产生纠纷

○知识产权被侵害

○家庭中相关法律问题

○其他情况

8. 您的学校是否为您所遇到的上述法律问题（第7题）提供过任何法律援助？［单选题］

○是

○否

9. 您或身边的朋友在每学期生活中都遇到法律问题吗？［单选题］

○每学期都遇到法律问题

○不是每学期都遇到法律问题

10. 当遇到上述法律问题时（第7题），寻求帮助的途径是什么？［多选题］

○大学辅导员

○熟悉的高校教师

○家长

○身边的朋友

○律师

○朋友圈、微博等媒体

○通过非理性方式自行解决

○自认倒霉

11. 在上述途径（第 10 题）帮助下，您的问题是否得以解决？

[单选题]

○是

○否

12. 您在校就读期间，是否进行过兼职或实习？[单选题]

○是

○否

13. 您或身边的朋友在兼职或实习期间是否遇到过下列情况？

[多选题]

○未与您签订任何书面性质的协议

○不支付、拖欠、欠额支付报酬

○考勤考核标准不透明或恶意克扣劳动报酬

○要求您支付保证金

○中介机构收取高额中介费

○公司以培训费、保证金等各种名义向求职者收费

○遭遇求职诈骗、陷入传销组织

○实习期长度违法（正常实习期三个月）

○三方协议违约金略高

○工资低于最低工资标准（重庆市：1 500元/月）

○无任何理由任意解聘

○试用期内拒绝离职申请

○超时工作

○其他情况

○从未遇到过上述问题

14. 您是否关注过大学生相关法律案例或是法律新闻？［单选题］

○经常

○偶尔

○从不

15. 您在学校在读期间，学校是否进行过任何法律知识宣传或者法律讲座？［单选题］

○是

○否

16. 学校或相关部门组织法制宣传活动或讲座时，您觉得？［单选题］

○太形式化，没有意义

○能学到一些东西

○非常有必要，很有意义

○没有参加过

17. 您是否愿意接受学校关于大学生就业案例、法律自救指南相关的内容推送？［单选题］

○是

○否

18. 如果学校为您提供实战法律技能的讲座，您是否愿意？［单选题］

○是

○否

19. 如果学校在您权利受到侵害的第一时间提供云端法律援助平台服务，您是否愿意？［单选题］

○是

○否

20. 你对学校提高在校大学生的法律意识有什么好的建议？［填空题］

_____

（二）教师问卷

教师对于高校是否需要法律援助平台服务需求的看法调查问卷

老师，您好！我们是重庆工商大学融智学院的调查小组，正在进行一项关于大学生在校期间可能会遇到的相关法律问题的调查，您的回答有助于我们了解您对于高校是否需要法律援助平台服务需求的看法。您所填的资料仅供研究参考，绝不公开！现在，请您花费3~5分钟的时间认真回答以下问题。非常感谢！

1. 您任职的学校名称是什么？［填空题］

_____

2. 您任职的学校类型是什么？［单选题］

○普通高校

○独立学院

○211、985 高校

○专科学校

○高职

○其他

3. 您在所任取学校的职位是？［多选题］

○专职辅导员

○兼职辅导员

○专职教师

○外聘教师

○高校行政教师

4. 您的教龄是？［单选题］

○5 年以下

○5~10 年

○10~15 年

○15 年以上

5. 您是否遇到过学生寻求法律援助或者寻求解决涉及法律的问题？［单选题］

○是

○否

6. 您的学生一般询问的问题是哪方面的？［多选题］

○中介诈骗（就业/兼职）

○贷款诈骗

○校园高利贷

○知识产权

○人身安全

○财产诈骗

○在校内外受伤产生纠纷

○家庭中相关法律问题

○购买质量不合格产品/食品导致身体受到伤害

○其他情况

7. 在您的帮助下，学生所遇法律问题是否得以解决？［单选题］

○是

○否

8. 您任职的学校是否进行过任何法律知识宣传或者法律讲座？［单选题］

○是

○否

9. 如果您任职的学校为学生提供实战法律技能的讲座，您觉得对您的工作是否有益？［单选题］

○是

○否

10. 如果您任职的学校在学生权利受到侵害的第一时间提供云端法律援助平台服务，您觉得是否有必要？［单选题］

○是

○否

11. 你是否愿意通过该平台掌握学生面临的法律问题及由此产生的心理问题？[单选题]

○是

○否

12. 您对学校提高在校大学生的法律意识有什么好的建议？[填空题]

_____